Der weite Weg zu den Sternschnuppen

Julia Stern

DER WEITE WEG ZU DEN STERNSCHNUPPEN

Oder der schmerzhafte Prozess ‚Viel-Seitigkeit'
anzuerkennen

Engelsdorfer Verlag
Leipzig
2011

Bibliografische Information durch die Deutsche Nationalbibliothek:
Die Deutsche Nationalbibliothek verzeichnet diese Publikation in der Deutschen Nationalbibliografie; detaillierte bibliografische Daten sind im Internet über http://www.dnb.de abrufbar.

ISBN 978-3-86268-411-3

Hergestellt in Leipzig, Germany (EU)
www.engelsdorfer-verlag.de

12,95 Euro (D)

Danksagung

Ich widme dieses Buch all den Menschen, die immer, und trotz allem an mich geglaubt, mich unterstützt, mich auf den Weg gebracht, und mich ertragen haben, selbst wenn ich mal unerträglich war.

Im Besonderen sind dies:

Das gesamte Ärzte-, Therapeuten- und Pflegeteam der Station 2 aus der Klinik Am Osterbach, besonders:

Meiner Therapeutin Frau Dr. H. Bauhardt:
Dafür, dass sie mich nach meinem Überfall aus meiner Hoffnungslosigkeit befreit, und wieder auf den richtigen ‚Kurs' gebracht hat.

Meinen Gestaltungstherapeuten:
Die mir geholfen haben, über gestalterisches Arbeiten einen Zugang zu meinem inneren Team zu finden.

Hr. Rudolf Balster:
Der mich als Betreuer wirklich unterstützt und niemals bevormundet.

Meinen jetzigen beiden Therapeuten Udo und Klaus:
Die mir nun schon mehr als einmal das ‚Leben gerettet' haben, indem sie mir eine Zukunft gezeigt haben, in der sich das Leben lohnt, und mich erfahren ließen, dass es auf dieser Erde auch Männer gibt, denen man vertrauen kann, wenn dies auch, davon bin ich noch immer überzeugt, eher die Ausnahme ist. Da ich, wie ich inzwischen durch die Therapie erfahren habe, noch immer in Gefahr bin, und mit mir alle, die mir helfen, ist es mir leider nicht möglich ihre Namen vollständig zu nennen. Eine Rückverfolgung zu mir würde mir den ‚Ausstieg' aus meinem Dilemma enorm erschweren, oder sogar unmöglich machen.
Sie mögen sich beide auch ohne Nennung des Namens angesprochen fühlen.
Danke Jungs, ihr seid einsame Spitze!

Meinen besten Freunden und Freundinnen und meiner Familie:

Viky:
Die immer ein offenes Ohr für mich hat und von Anfang an mit wachsender Begeisterung, Teile meines Manuskripts gelesen und beurteilt hat.

Kerstin:
Die – mal von Judith abgesehen – mehr in meinem Leben für mich getan hat, als jemals ein Mensch zuvor.

Meinen Kindern:
Die auch langsam lernen mit einer nicht ganz normalen Mutter umzugehen und sie trotzdem lieben.

Judith, meiner Frau:
Für deren Ausmaß an Verständnis und Liebe mir schlichtweg die Worte fehlen.
Danke mein Schatz, ich liebe Dich wirklich sehr!

*

Mein ganz besonderer Dank geht auch an ‚Ira' aus dem System ‚kriosphinx' für die wunderbaren Zeichnungen, die sie diesem Buch hinzugefügt hat.

*

Ein kleiner Wunsch
Der Volksmund sagt: Wenn man eine Sternschnuppe sieht, dann darf man sich etwas wünschen. Wir haben noch nie eine gesehen, aber wenn wir mal eine sehen sollten, dann werden wir uns wünschen, dass niemals wieder ein Kind auf dieser Erde gepeinigt wird.

Achtung!

Das Lesen dieses Buches kann schwer traumatisierte Menschen stark triggern.
Ich verweise in meinem Buch an bestimmten Abschnitten auf besondere Triggergefahr, jedoch beinhalten auch vermeintlich harmlose Texte bei schwer traumatisierten immer die Gefahr eines Auslösereizes.
Ich empfehle daher Betroffenen, das Buch nur mit ausreichender Stabilität und unter äußerster Vorsicht zu lesen.

Vorwort

Wie beginnt man eine Geschichte zu erzählen, an die man sich selbst nicht oder nur kaum erinnern kann?
Wie bringt man Emotionen aufs Papier, die so facettenreich sind, wie kaum etwas anderes auf dieser Welt?
Wie erklärt man anderen Menschen, was man selbst nicht verstehen kann und auch nicht will?
Eine große Aufgabe, die wir uns da gestellt haben, aber an Herausforderungen soll man ja bekanntlich wachsen.
Und so wagen wir es, versuchen verständlich zu machen, was uns selbst bis auf den heutigen Tag ein Rätsel ist, und uns doch unser ganzes Leben begleitet.
Versuchen zu berichten über den steinigen Weg den wir gegangen sind auf der Suche nach Erklärungen, für dass, was wir heute sind. Um zu verstehen, und um anzuerkennen, dass nichts anderes möglich war, um zu überleben.
Wir, das sind zunächst einmal unser Körper, dessen wir uns aller bedienen. Geboren wurde dieser Körper als Mädchen im Ruhrgebiet, vor ziemlich genau vierundvierzig Jahren und zehn Monaten.
Damals war das Mädchen allein in diesem Körper, wenn auch nur für ganz kurze Zeit. Inzwischen sind so einige dazu gekommen. Wie viele genau, wissen wir noch nicht, als wir mit dem Schreiben beginnen. Am Ende unserer Suche werden es vierundsechzig sein, die sich nach und nach gemeldet haben, und gemeldet hat sich da noch längst nicht jeder.
Noch immer sind wir auf der Suche nach Erinnerungen, die uns helfen können zu verstehen, warum wir in so viele Teile zerfallen sind.
Wir sind nämlich dass, was man gemeinhin als eine multiple Persönlichkeit bezeichnet.

Von dem langen qualvollen Weg, diese Tatsache zu akzeptieren und damit uns selbst, als ein zwar in viele Teile zersplittertes, jedoch insgesamt vollständiges Individuum anzunehmen, wollen wir hier berichten.

Dabei geht es nicht darum traumatische Inhalte zu erzählen oder zu verarbeiten. Wir haben daher deren Schilderung, bis auf wenige, für uns eher harmlosere Erfahrungen bewusst ausgespart. Die wenigen Erlebnisse, die hier beschrieben wurden sind lediglich zum besseren Verständnis nicht Betroffener mit aufgenommen. (Was muss geschehen damit ein Mensch multipel wird) Sie sind allesamt mit einer Triggerwarnung gekennzeichnet, enthalten jedoch keine Lücken im Text.

24. August

So, dann fang ich mal an. Tagebuch soll ich führen, damit ich mich und vor allen Dingen die Anderen besser kennen lerne.
Die Anderen, wer auch immer das sein mag, ich selbst kenne sie bisher nur aus Erzählungen und Berichten Außenstehender.
Ich kann sie manchmal spüren, ‚höre' sie denken – oder bilde ich mir das doch alles nur ein?
Letzte Woche bin ich aus der Klinik entlassen worden.
Diagnose: F44.81, dissoziative Identitätsstörung.
Die Nummer geistert wie ein Totem in meinem Kopf herum. Ich kann es immer noch nicht glauben, trotz allem was geschehen ist in den vergangenen Wochen, Monaten, Jahren.

Nein, ich will es einfach nicht glauben. So etwas gibt es doch gar nicht. Das ist doch unmöglich.

Weil nicht sein kann, was nicht sein darf, und **ich**, bin doch normal.
Ich, das Wort zerfällt vor meinen Augen, wenn ich darüber nachdenke.
Ich – wer oder was bin ich denn nun eigentlich? Bin ich die, deren Name im Personalausweis steht, oder wie muss ich das jetzt verstehen?

In meinem Kopf ist ein heilloses durcheinander. Tausende von Fragen bestürmen mich, alle zur gleichen Zeit. Vor allem: Wie ist das möglich, dass ich so lange damit leben konnte ohne dass scheinbar Irgendjemand etwas davon bemerkt hat?
Auch dass haben sie mir erklärt, aber ich will es einfach nicht begreifen. Das Chaos bahnt sich seinen Weg in mein Bewusstsein, nistet sich fest, und wird dort für sehr lange Zeit seine Zelte aufschlagen. Wie lang, werde ich in der nächsten Zeit schmerzlich erfahren dürfen.
Acht Wochen war ich in der Klinik, immer wieder habe ich versucht die Diagnose in Frage zu stellen, habe diskutiert, hin und her überlegt, ja sogar versucht zu feilschen, ob es nicht doch ein Irrtum sein könnte.

Sicher, ich vergesse schon so einiges, aber das passiert doch jedem. Und das ich mich nicht immer an alles erinnere, na und? Das ist eben Stress. Das ich mit unterschiedlichen Stimmen rede? Das haben die sich doch nur eingebildet, weil sie es gerne so hätten.

Kinderbilder in meinem Zimmer? Wer sagt denn dass ich sie gemalt habe?
Nein, nein, das kann einfach nicht richtig sein. Sie müssen sich da geirrt haben.
Zugegeben, es geht mir seit einigen Jahren immer mal wieder nicht so gut, und ich hatte schon eine Ahnung, dass da Dinge in meinem Leben geschehen sind, die nicht ganz so lustig waren, um es mal nett auszudrücken.
Aber jetzt lief es doch eigentlich wieder ganz gut. Gute zwei Jahre war ich recht stabil, von kleineren Höhen und Tiefen mal abgesehen, aber die haben andere Menschen auch. Und wie bereits erwähnt, Jeder vergisst doch mal was oder kann sich nicht immer an alles erinnern, oder?
Nun gut, im letzten Sommer gab es einen wirklich mehr als unangenehmen Vorfall mit meinem Chef, aber im Grunde hab ich auch davon nicht wirklich viel mitbekommen, erst als es vorbei war. Genau wie immer, war es mehr eine Ahnung, als eine Erinnerung. Aber das ist ja typisch für mich. Anders kenne ich das gar nicht. Einige Wochen habe ich schon daran zu knabbern gehabt, aber dann dachte ich mir, was soll es, was auch immer da war, es ist doch nur eine weitere Kerbe auf deinem Holz. Eine mehr, darauf kommt es nun auch nicht mehr an.

„Stell Dich nicht immer so an, so schlimm ist das nicht!"

das hat meine Mutter schon immer gesagt.
Ich hab mich zusammen gerissen, und irgendwann ging es dann wieder. Irgendwie ging es ja immer weiter.
Aber dann in diesem Jahr, der Überfall. Mitten auf der Arbeit. Ich habe ihn nicht mal kommen hören. Meine Gedanken schweifen ab zu der Zeit vor dem Klinikaufenthalt. Wie viel doch geschehen ist, in den letzten Wochen:

Achtung: Mögliche Trigger, Betroffene sollten den nächsten Abschnitt bis zum Ende der Triggerwarnung nur bei ausreichender Stabilität lesen.

Kurz vor Feierabend. Ich war gerade im Tresorraum und habe das Geld in den Safe gepackt. Der Safe steht auf dem Boden, gegenüber ist die Tür. Um ihn zu bedienen muss ich der Türe den Rücken zuwenden, oder mich ziemlich verrenken. Normalerweise verrenke ich mich, das mache ich immer. Ich mag es gar nicht, eine Türe im Rücken zu haben. Aber heute war es so schrecklich voll, so wahnsinnig viel zu tun. Ich bin furchtbar müde und will nur noch nach Hause und ins Bett. Es soll schnell gehen, und so bin ich das erste Mal in meinem Leben unvorsichtig und hocke mich halb kniend vor den Tresor, die Türe in meinem Rücken. Ich öffne ihn, und bin gerade dabei das Geld rein zu legen. Plötzlich bekomme ich von hinten einen gewaltigen Schlag auf den Kopf. Im nächsten Augenblick werde ich an die Schultern gefasst und komplett auf den Boden gerissen. Dann höre ich ihn brüllen:

„Das ist ein Überfall. Mach schon, sonst bist Du tot. Das ist kein Scherz.“

Er drückt mir die Waffe an die Schläfe, und das war schon das Letzte was ich noch mitbekommen habe.
Später werde ich dann erfahren, dass er wohl furchtbar auf mich eingeschlagen hat, weil ich mich nicht mehr bewegt habe, und nicht getan habe was er verlangte, aber davon weiß ich selber nichts mehr.
Als er mich aus dem Tresorraum schiebt, werde ich wieder halbwegs klar. Bewegen kann ich mich aber nur schwer. Ich bin regelrecht paralysiert.
Draußen im Kassenbereich sehe ich dass es einen zweiten Täter gibt. Er bedroht Judith mit einer Waffe. Judith, meine Frau. Verzweifelt versucht sie sich gegen ihn zur Wehr zu setzen indem sie mit einer Flasche Reinigungslösung nach ihm schlägt. Es scheint zu helfen. Der Mann ist so überrascht, dass er vor ihr zurück weicht. Aber nun wird der, der hinter mir steht wieder aktiv. Er eilt seinem ‚Kollegen' zu Hilfe, richtet die Waffe auf Judith und schreit sie an.

„Ich bring Dich um, ich schwöre es.“

Er hält ihr die Waffe vor das Gesicht, und dann …, drückt er ab. Mein Gott, er hat wirklich abgedrückt, einfach so!

Ich höre den Knall, sehe das Mündungsfeuer, und dann meine Frau auf dem Boden liegen. Blut läuft aus ihrem Gesicht und sie bewegt sich nicht mehr.
Um Gottes Willen, sie ist tot!
Jetzt kann ich mich endlich wieder bewegen, und ich habe nur ein Ziel. Meine Frau. Ich nehme nichts mehr um mich herum wahr, außer Judith. Ich rase zu ihr hin, aber schon auf halber Strecke werde ich abgefangen und von einem der Täter zurückgeschleudert, erneut geschlagen. Ich falle rückwärts über einen hüfthohen Schemel und finde mich auf dem Fußboden im Kassenbereich wieder. Und erneut die Waffe an meiner Schläfe.

„So, und Du bist die Nächste. Ich bringe Dich um, wenn Du nicht tust was ich sage."

Dann geschieht etwas Unglaubliches. In Bruchteilen einer Sekunde zieht mein gesamtes Leben an mir vorbei. Mit einem Mal weiß ich alles, wirklich alles, was ich bisher erlebt habe, bis ins Kleinste grauenhafte Detail. In nur wenigen Augenblicken, ergießt sich ein Schwall unfassbar schrecklicher Erinnerungen über mich. Nur für ganz kurze Zeit weiß ich, dass mein Leben ganz und gar nicht so verlaufen ist, wie es hätte sein sollen. Kurz danach ist alles wieder weg. All die Bilder und Erinnerungen, sind wieder fort, irgendwie, irgendwo, was mir bleibt, ist die Erkenntnis, dass unglaublich Schreckliches geschehen ist in meinem Leben bisher, und, das dieser Überfall nun auch noch dazu kommt. **Das**, so dachte ich, ist einfach **eines zuviel** gewesen, und das bekommst Du nie wieder hin. Ich senke meinen Kopf, immer noch die Waffe an der Schläfe und ganz ruhig sage ich:

„Na, dann mach doch, bring es endlich, endlich einmal zu Ende, Du tust mir nur einen Gefallen, ehrlich!"

Ich warte auf den Knall, und überlege noch ob es wohl das Letzte sein wird das ich im Leben höre, als ich ihre Schritte in Richtung Tür vernehme.

Dann sind sie weg. Zurück bleibt nichts als der schale Nachgeschmack, wieder einmal Opfer geworden zu sein, sich nicht gewehrt, und es dennoch überlebt zu haben. Soll ich mich freuen?

Nach einer gefühlten Ewigkeit gelingt es mir endlich aufzustehen um nach Judith zu sehen.
Sie liegt noch immer völlig bewegungslos auf dem Boden, die Augen starr zur Decke gerichtet.
Ich knie mich neben sie, und eine Welle der Erleichterung überkommt mich als ich erkenne, dass sie noch atmet. Es klafft ein Riss auf ihrer Wange, da wo sie von der Patrone gestreift wurde. Einen Millimeter weiter nach links, und dann …, nein, darüber will ich gar nicht nachdenken.

„Sie sind weg Judith, es ist alles okay."

Ganz vorsichtig nehme ich ihre Hand. Mit einem Mal kommt wieder Leben in sie, sie dreht den Kopf und sieht mich an, dann sagt sie mit ganz klarer Stimme:

„Hast Du schon die Polizei angerufen?"
„Nein, ich …, ich …, ich wollte erst sehen was mit Dir ist."

Ich bin total verdattert, dass sie plötzlich so klar und deutlich mit mir spricht.

„Du musst da anrufen, los mach schon."
„Ja, ich mach ja."

Ich stehe auf und gehe zum Telefon zurück. Kaum habe ich die Polizei angerufen höre ich aus einer entfernten Ecke ein Geräusch.
Ich fahre zusammen. Ist da doch noch jemand?
Ein Kunde kommt mir entgegen.
Wo kommt der denn plötzlich her?
War der etwa die ganze Zeit hier und hat sich nicht gemeldet, hat nicht geholfen, nicht mal mit seinem Handy die Polizei informiert, obwohl

niemand ihn bemerkt hat, und er das in aller Ruhe hätte machen können?
Unfassbar!
Jetzt geht er zielstrebig Richtung Ausgang.

„Auf Wiedersehen."

Ja denkste mein Freund, so nicht!

„Nix da, ‚Auf Wiedersehen' Sie bleiben jetzt hier, Sie sind ein Zeuge."

Ich versperre ihm den Weg, fest entschlossen ihn nicht vorbei zu lassen. Ganz plötzlich koche ich vor Wut. So kenne ich mich gar nicht. Dieses permanente ‚Wegsehen', nicht ‚mitbekommen haben', ich hab es so unglaublich satt!

„Ich hab nix mitbekommen."
„Was denn, bei dem Lärm hier? Das glaubst du doch selber nicht. Die haben geschossen, das willst du überhört haben? Das kannst du jemandem erzählen, der sich die Hose mit der Kneifzange anzieht, aber mir nicht, du bleibst!"
„Ich hab wirklich nichts mitbekommen."
„Ja sicher, ist schon klar, das kannste ja dann der Polizei erzählen. Ist mir egal, du wartest jedenfalls jetzt. Einen Schritt noch und ich schwöre dir, ich klatsche dich an die Wand. Da kann die Kripo dich dann abkratzen!"

Ich blitze ihn bitter böse an, und er scheint zu spüren dass es mir sehr ernst ist, denn er wagt tatsächlich keinen Schritt mehr nach vorn.
Von der Polizei erfahre ich später, dass er sehr wohl Einiges mitbekommen hat. Sie nennen uns zwar keine Einzelheiten, das dürfen sie ja auch nicht, aber wir erfahren, dass dieser werte Herr durchaus Einiges zu erzählen hatte. Natürlich hatte er das, was denn sonst?
Sie wissen es **immer**, aber sie sagen nichts, sie helfen nicht, lassen dich immer im Stich, oder schlimmer noch, sie machen mit!
Dann kommt die Polizei endlich und mit ihr im Schlepptau der Rettungswagen.
Ich höre wie die Sanitäter sich auf dem Weg zu Judith unterhalten.

„Die sollen ja auf ***die*** *geschossen haben."*
„Ist ***die*** *tot?"*

Oh mein Gott, was soll das denn? Wieder überkommt mich rasende Wut. Ich schrei sie an:

„Nein, ***sie*** *ist nicht tot, zum Glück nicht ihr Spinner."*

Ein Arzt kommt zu mir.

„Sie sind ja doch verletzt. Man hat uns gesagt, es gäbe nur eine Verletzte."
„Nein, mir geht's gut."
„Das sieht aber ganz anders aus. Ich gebe Ihnen mal was gegen die Schmerzen und dann bringen wir Sie auch ins Krankenhaus."
„Ich brauche nichts, ich habe keine Schmerzen."
„Sie müssen Schmerzen haben, so wie Sie aussehen."
„Nein, hab ich aber nicht."
„Ich glaube es ist besser wenn Sie auch ins Krankenhaus gefahren werden."
„Warum? Was soll ich da? Mir geht es gut."
„Nein, Sie sind verletzt, und es geht Ihnen gar nicht gut."
„Himmel noch mal, warum können Sie mich nicht einfach in Ruhe lassen? Sie haben ja keine Ahnung, man, Sie können mir nicht helfen, Niemand kann mir noch helfen, es ist ...ach, ist doch egal, lassen Sie mich einfach in Ruhe."
„Ja, so ein Überfall ist ne ziemliche Sache, Sie sind jetzt durcheinander, das wird schon wieder."
„Blödsinn, als wenn das was mit dem Überfall zu tun hätte, ach ich sag doch Sie haben keine Ahnung, Überfall, pffft, pille palle, Kinderkacke, Kasperletheater, das war doch nix. Lassen Sie mich in Ruhe, Sie können mir nicht helfen. Lassen Sie mich einfach in Ruhe. Ich will nur noch nach Hause."

Ich habe keine Ahnung warum ich den Mann so aggressiv anfahre. Und wieder ist da dieses Gefühl, mich selbst nicht mehr zu kennen. Eigentlich bin ich immer freundlich, nett, verständnisvoll, auf Kompromisse bedacht und einsichtig gewesen.
Irgendetwas ist neu an mir. Und es ist wütend, unglaublich aggressiv und fest entschlossen sich nichts, aber auch gar nichts mehr gefallen zu lassen.

Der Arzt steht noch immer bei mir, er lässt nicht locker, und versucht mich dazu zu überreden ins Krankenhaus zu fahren. An seine Seite haben sich inzwischen einige Kripobeamte gesellt. Ich bin umringt von einer Horde Männern, die alle auf mich einquasseln und mir tausend Fragen stellen.
Ich höre wie sie reden, aber irgendwann verstehe ich kein Wort mehr von dem was sie sagen. Es ist, als sprächen sie eine fremde Sprache.
Das wird mir alles viel zu viel. Ich bin müde, ich bin traurig, ich habe Angst, und ich will nur noch meine Ruhe. Ich will hier weg, einfach nur noch weg! Ich schließe meine Augen, nur ganz kurz, nur für eine Sekunde.
Als ich sie wieder öffne, bin ich in der Notaufnahme des Krankenhauses. Wie bin ich denn hier so schnell hingekommen?

„Hallo, haaaallllooooooo? Haben Sie mich verstanden?“
„Öhm, ja, ja, sicher.“

Ich habe keine Ahnung was der Arzt mir eben gesagt hat. Zum Glück wiederholt er es sofort noch einmal.

„Also, ich denke wirklich es ist besser, wenn Sie hier bleiben, nur zur Beobachtung. Sie Beide.“
„Wir Beide?“
„Ja, Sie Beide!“

Ich blicke mich um und sehe Judith fertig verarztet auf dem Nebentisch liegen. Auch ich bin bereits medizinisch versorgt.
Wann haben die das denn gemacht?

„Nein, auf keinen Fall, ich will nach Hause. Es geht mir gut.“
„Glauben Sie wirklich dass Sie zu Hause besser aufgehoben sind?“
„Ja, da kann ich die Tür abschließen. Ich fühle mich hier einfach nicht sicher.“
„Sie sind hier aber sicher, da brauchen Sie keine Angst haben.“
„Man ist nirgends wirklich sicher. Nein, ich will nach Hause, wirklich, ich kann, ich will, nein ich muss einfach nach Hause, ich kann jetzt nirgendwo anders sein. Es geht einfach nicht.“

„Hm, ja, ich verstehe das. Aber Sie versprechen mir, dass Sie morgen wieder kommen, zur Kontrolle, und Sie sollten auch unbedingt zu einem Psychiater gehen. Das ist mein Ernst. Sie haben einen ziemlichen Schock. Sie Beide.“
„Ja, ja, machen wir.“

Es ist etwa halb fünf morgens als wir endlich zu Hause ankommen. Wir gehen in den Wintergarten und zünden uns eine Zigarette an. Judith holt eine Flasche Cognac.

„Willst Du auch einen?“
„Nein, ich möchte nicht.“

Wir sitzen lange schweigend nebeneinander. Schließlich gehen wir doch noch zu Bett. Wir schalten den Fernseher an, und irgendwann fallen wir beide vor Erschöpfung in einen sehr unruhigen, traumdurchwirkten Schlaf.

Ende der Triggerwarnung

Die nächsten Wochen waren ein nicht enden wollender Albtraum aus Verhören und zu stellenden Anträgen auf alle möglichen Hilfeleistungen. Alle waren sehr bemüht, Opferschutz der Polizei, Weißer Ring, Berufsgenossenschaft etc. aber alle wollten immer wieder wissen, hören, was genau geschehen ist. Immer wieder die gleiche Geschichte erzählen. Tausende von Formularen ausfüllen. Grauenhaft!

Dann sollten wir unbedingt in die Trauma Ambulanz eines nahe gelegenen Krankenhauses.
Ich bekomme an der Anmeldung einen Fragebogen den ich ausfüllen soll. Ich kann es nicht. Was die alles wissen wollen, lieber Himmel. Ich kann das nicht beantworten, lasse es einfach frei. Sollen sie meckern, mir egal, ich kann es nicht, ich wollte eh nicht hier hin.
Die Therapeutin ist sehr nett. Wir reden ein wenig über den Fragebogen. Ich sage ihr, dass ich ihn nicht ausfüllen konnte.

„Das habe ich gesehen, was war denn so schlimm daran?“
„Weiß ich nicht, es ging einfach nicht.“

„Okay, das macht nichts, dann unterhalten wir uns eben so ein wenig."

Wir reden einige Minuten, über dieses und jenes. Dann …

„Hallo?"
„Ja?"
„Haben Sie mich gerade verstanden?"
„Öh, ja, ja, klar"

Sie lächelt mich an.

„Wie geht es Ihnen denn jetzt?"
„Gut, danke"
„Ja, auf den ersten Blick wirken Sie wirklich sehr gefasst."
„Tja, ich bin Kummer gewöhnt."
„Das sehe ich."
„Ach wirklich? Woran denn?"
„An Ihren Augen."
„Bitte? Was stimmt denn nicht mit meinen Augen?"
„Das war nicht das erste Mal, das Sie in einer solchen Situation waren, hab ich Recht?"
„Doch, ich bin das erste Mal überfallen worden."
„Und was war früher, als Sie klein waren?"
„Nichts, nicht der Rede wert."
„Also war da doch was."
„Das ist lang her."
„Hatte das vielleicht was mit Ihren Eltern zu tun?"
„Ich weiß es nicht, möglich, ich will darüber nicht reden."
„Sie müssen ja auch nicht darüber reden."
„Ach nein? Warum haben Sie denn dann danach gefragt? Ich bin doch hier wegen des Überfalls, und auch das nur, weil es die Berufsgenossenschaft so wünscht. Ich möchte nicht, dass Sie in meinem Leben herumstochern. Ich habe eine halbe Ewigkeit gebraucht um halbwegs Ruhe zu bekommen. Jetzt geht's mir seid knapp 2 Jahren endlich etwas besser, und peng da kommt dieser Mist mit dem Überfall. Und nun wollen Sie den alten Kram auch noch aufkochen. Ich will das alles nicht mehr. Es hat nämlich keinen Sinn, absolut nicht. Es ist egal wie ich mich drehe, es wird nie in Ordnung sein, nie!"

„Was meinen Sie damit, dass es nie in Ordnung sein wird?"
„Das ist doch egal. Hören Sie bitte, ich finde es sehr nett, dass Sie mir helfen wollen, aber ich glaube einfach nicht, dass es funktionieren wird. Sie haben ja keine Ahnung …, ach ist ja auch egal. Ich bin schon immer ein wenig verrückt gewesen, aber wie schon gesagt, die letzten beiden Jahre ging es halbwegs. Alles was ich möchte ist, dass es wieder so in Etwa wird, das genügt mir. Mehr werde ich wohl nie erreichen."
„Warum denken Sie, dass Sie verrückt sind?"
„Weil …, nein, nein, das kann ich nicht sagen, sonst …, egal, lassen wir das."
„Sonst was? Was befürchten Sie denn, was passieren könnte?"
„Das Sie mich einsperren zum Beispiel. Aber so verrückt bin ich nun auch wieder nicht. Ich komm schon ganz gut klar."
„Wurden Sie schon mal eingesperrt, weil man Sie für verrückt hielt?"
„Lassen Sie es …, bitte …, es ist genug jetzt. Ich sag nichts mehr."
„Okay. Kein Problem. Darf ***ich*** *denn ganz offen reden?"*
„Ja, sicher."
„Ich halte Sie absolut nicht für verrückt, aber ich halte Sie für eine sehr kranke Frau, und ich denke, dass Sie ganz dringend stationäre Therapie machen sollten und im Anschluss ambulant. Wir sind hier nur für Notfälle, zur kurzfristigen Krisenintervention. Da sind maximal fünfzehn Stunden möglich. Damit kommen Sie niemals im Leben aus."
„Was? Wie können Sie das denn wissen? Sie kennen mich doch gar nicht. Haben mich gerade eben mal fünf Minuten gesehen."
„Fünf Minuten? Meinen Sie das jetzt ernst, oder war das nur so dahin gesagt?"
„Natürlich meine ich das ernst."

Sie schaut auf ihre Armbanduhr. Ich mach es ihr nach und erschrecke mich. Ich bin schon vierzig Minuten hier drin, liebe Güte ist die Zeit schnell vergangen, wir haben doch kaum miteinander gesprochen?
Sie lächelt mich wieder an.

„Was ich gesehen und erlebt habe genügt mir. Sie müssen das natürlich selber entscheiden, Niemand wird Sie zu irgendetwas zwingen, aber ich rate Ihnen dringend zu einer stationären Behandlung. Und ich sage Ihnen auch gleich, dass ich das auch genau so in dem Bericht an die Berufsgenossenschaft schreiben werde. Das ich eine stationäre Therapie für unerlässlich halte. Sie werden über kurz oder lang überhaupt nicht mehr zurecht kommen."

„Sie sind wohl Prophetin?"
„Nein, ich bin Traumatologin. Ich will das jetzt hier nicht mit Ihnen erörtern, das würde Sie zusätzlich überfordern. Was ich sehe ist, dass Sie ganz dringend Hilfe brauchen, dass es da sehr viel mehr gibt als Sie zugeben, oder vielleicht selber wissen. Sie zeigen hier ganz eindeutige Symptome, und ich müsste mich schon sehr täuschen, wenn ich da jetzt falsch liege."
„Was denn für Symptome? Ich sitz doch hier ganz friedlich, ich mach doch gar nichts."
„Kann es sein, dass Sie öfter Einiges vergessen?"
„Ja sicher, haben Sie noch nie was vergessen? Was hat das denn mit dem Überfall zu tun?"
„Haben Sie schon einmal Dinge in Ihrem Besitz gefunden und wussten nicht genau woher die kamen? Oder sind Dinge verschwunden, und Sie wissen nicht wohin?"
„Halten Sie mich für Verrückt?"

Sie schaut mir fest in die Augen und ihr Blick wirkt irgendwie traurig. Dann sagt sie mit ruhiger, leiser Stimme:

„Nein, absolut nicht, das sagte ich bereits, aber ich halte Sie für jemanden der sehr viel Schlimmes erlebt hat."
„Ja sicher, hab ich ja auch, ich wurde überfallen!"

Sie lehnt sich zurück und schmunzelt mich an.

„Ja, genau, Sie sind ***auch*** *überfallen worden. Gehen Sie in eine Klinik, glauben Sie mir, ich meine es wirklich gut mit Ihnen. Sie brauchen dringend Hilfe. Wie gesagt, ich werde das auch genauso empfehlen in meinem Bericht.. Entscheiden müssen Sie natürlich allein, aber es wäre wirklich gut für Sie. Wenn Sie wollen, können wir das aber auch direkt von hier veranlassen."*
„Nein, ich will nicht in die Klinik. Die können mir auch nicht helfen, das konnten die noch nie. Und jetzt sowieso nicht mehr. Es ist sinnlos!"
„Denken Sie daran sich das Leben zu nehmen?"
„Und wenn es so wäre, glauben Sie ernsthaft, das würde ich Ihnen sagen? Aber nein, ich werde mich nicht umbringen. Ich werde weiter vor mich hin vegetieren, bis mein jüngstes Kind achtzehn ist. Dann ist es egal, dann brauchen die mich nicht mehr."

„Doch, dann brauchen Ihre Kinder Sie auch noch. Vegetieren nennen Sie das? Das ist hart."

„Na ja, Leben kann man das nicht nennen. Für mich macht das keinen Sinn mehr. Ich danke Ihnen dass Sie sich solche Mühe geben, aber glauben Sie mir, das bringt alles nichts mehr. Sie haben es ja schon selbst gemerkt. Da gibt's noch ein paar andere Dinge. Na ja, eigentlich weiß ich gar nicht so viel davon, im Grunde hab ich nichts Konkretes, ist nur so ein dummes Gefühl, eben irgendwie, dass da was nicht so läuft wie es eigentlich sollte. Aber nichts, wo ich jetzt sagen könnte, da ist dieses oder jenes geschehen. Im Grunde gibt's da nichts außer Ahnungen. Genaues könnte ich gar nicht erzählen, weil es einfach nichts zu erzählen gibt. Außerdem bin ich wirklich sehr vergesslich, da haben Sie schon ganz richtig getippt. Manchmal weiß ich schon morgen nicht mehr was gestern war, und da macht's dann auch keinen Spaß zu leben. Ich meine, man lebt doch irgendwie von seinen Erinnerungen. Was macht es zum Beispiel für einen Sinn in den Urlaub zu fahren, wenn man danach ohnehin zum größten Teil nicht mehr weiß was man da erlebt hat? Verstehen Sie was ich meine? Ich bin so furchtbar vergesslich, dass ich manchmal denke, ich hab schon mein halbes Leben irgendwo verloren, aber das kommt wohl durch den ganzen Stress, den ich immer habe, und außerdem, das gehört ja nun wirklich nicht hier hin. War jetzt nur so zur Info für Sie, weil Sie gefragt hatten, ob ich viel vergesse, und damit Sie verstehen, warum ich manchmal keine Lust mehr habe auf dieses Scheiß Leben. Es macht einfach keinen Spaß, wenn es da oben nicht richtig funktioniert. Ich bin schon immer ein wenig verrückt gewesen, aber nicht so verrückt, dass ich weggesperrt werden muss. Ich war ja wie gesagt schon in Kliniken, so ist es ja nicht, aber die konnten mir auch nicht wirklich helfen."

„Was hat man denn gesagt, was Ihnen fehlt? Ich meine, kennen Sie Ihre Diagnose?"

„Ach Du liebe Güte, da gab es einige. Da wüsste ich gar nicht wo ich anfangen soll aufzuzählen. Jeder hat was anderes gesagt, im Grunde stimmte wohl nichts davon. Ich sage doch, Sie können mir nicht helfen. Das konnte noch keiner bisher, aber alle meinten immer, sie hätten jetzt den goldenen Treffer erzielt. Dann gab es Pillen, und danach war es nur noch schlimmer. Nein, ich gehe in keine Klinik mehr. Ich danke Ihnen dass Sie sich solche Mühe mit mir geben, aber glauben Sie mir, es ist sinnlos. Ich bin eben irgendwie anders als andere Menschen, ein kleines bisschen, verrückt eben."

„Wissen Sie, was ich denke? Ich glaube, Sie haben bisher einfach nur noch nicht die richtige Hilfe bekommen, weil niemand bemerkt hat wo das Problem wirklich liegt.. Aber es ist gut möglich Ihnen zu helfen, und ich würde mir sehr wünschen, dass Sie

sich noch eine Chance geben. Bitte überlegen Sie es sich, ich kann Ihnen ja schon mal einige Adressen von wirklich guten Kliniken mitgeben, die sich nur mit Psychotraumatologie beschäftigen. Es ist wirklich nicht alles verloren, auch wenn es Ihnen im Augenblick so scheint. Und ja, Sie sind wahrscheinlich wirklich etwas anders als andere Menschen, aber nein, Sie sind absolut nicht verrückt. Nicht mal ein kleines bisschen"

Sie gibt mir einige Adressen und wir verabschieden uns.
Ihren Bericht hat sie sehr schnell geschrieben. Bereits zwei Tage später liegt er bei meinem Arzt und der Berufsgenossenschaft vor, die mich sofort anruft, und mir mitteilt, dass sie dem Bericht zu Folge dringend auf eine stationäre Behandlung bestehen. Es wäre besser für mich, da ich, sollte sich mein Gesundheitszustand verschlechtern, gegebenenfalls auch Ansprüche aus späteren Folgeerscheinungen der Tat verlieren würde, die jetzt vielleicht noch nicht absehbar sind.
Das ist eine finanzielle Angelegenheit, die ich wohl überdenken muss. Schließlich betrifft das auch meine Kinder, und die gesamte Familie.
Nach langem hin und her überlegen, willige ich schließlich dann doch ein, mich in einer Klinik behandeln zu lassen. So kann man mir wenigstens nicht mehr mangelnde Mitwirkung vorwerfen, und mich finanziell abstrafen, Hoffnung auf Besserung habe ich aber immer noch nicht.

Und dann komme ich in die Klinik „Am Osterbach", und lerne dort meine Therapeutin Frau Dr. Bauhardt kennen. Eine Frau, die es versteht, mir mit genau der richtigen Mischung aus Emphatie und gesunder Distanz klar zu machen, dass eben doch noch nicht alles verloren ist. Das ich bisher nur falsch behandelt, falsch diagnostiziert wurde. Sie schafft es, in nur unglaublichen acht Wochen, meinen Kampfeswillen neu zu erwecken, einfach nur weil sie mich ernst nimmt, mir glaubt was ich ihr sage, ohne wenn und aber.
Noch niemals zuvor, habe ich mich in einer Klinik so verstanden gefühlt. Egal was auch immer war, ich brauchte nicht viele Worte machen, Sie wussten einfach was ich benötige, was gerade wichtig für mich ist. Auch wenn das, was es war, für Außenstehende auf den ersten Blick völlig paradox und unsinnig erschien. Sie haben es verstanden, schienen immer zu wissen warum das jetzt gerade so wichtig und Notwendig ist. Und niemals habe ich das Gefühl gehabt für verrückt

gehalten zu werden. Die Not, ständig alles erklären zu müssen, und dennoch das Gefühl zu haben nicht richtig verstanden zu werden, vielleicht wieder für irre gehalten zu werden, trat mehr und mehr in den Hintergrund.
Ich hatte irgendwann einfach keine Angst mehr, zu sagen, was wirklich in mir vorgeht.

Nach einigen Wochen, nennt mir Frau Bauhardt meine Diagnose. Sie erklärt mir alles ganz in Ruhe. Ich kann es nicht fassen, **will** es nicht glauben.
Aber sie wird nicht müde es mir immer und immer wieder zu bestätigen, egal was ich auch versuche sie davon zu überzeugen, dass es ein Irrtum sein muss. Immer wieder werde ich aufgefordert es „zuzulassen“.
Nach acht Wochen, dann glaubte ich es endlich begriffen zu haben.
Mit fliegenden Fahnen bin ich nach Hause gefahren: „Jaaaa, ich habe es nun endlich kapiert, es endlich akzeptiert. Nun mach ich Therapie, und alles wird gut.“
Pah, nichts ist gut – gar nichts, und nichts hab ich begriffen, und schon gar nicht akzeptiert.
Ich muss mich nur ein wenig zusammen nehmen und dann werde ich allen beweisen, wie falsch sie liegen.

25.August
8.50 h

Konnte gestern nicht weiter schreiben, plötzlich ging es mir gar nicht gut. Panik, die mich überfallen hat, die mal wieder wie ein gieriges Monster mit groben Klauen nach mir gegriffen hat, so wie sie es oft macht.
Mein Blick wandert durch den Raum. Rechts vor mir liegt mein Koffer. Es ist mir noch nicht gelungen ihn vollständig auszupacken, obwohl ich seit einer Woche zu Hause bin.
Was, ist nur los mit mir? So etwas war doch früher kein Problem für mich. Aber früher – das scheint heute Lichtjahre weit weg zu sein. Früher da …

Jetzt hatte ich für einen Moment den Faden verloren, gut dass das beim schreiben nicht so auffällt.
Nun also, mein Koffer. Ich habe mit dem Ausräumen bereits begonnen, aber als mir mehr und mehr Dinge entgegen sprangen, die ich nicht eingepackt habe, hatte ich keine Lust mehr und hab den Deckel wieder zu geworfen.
Damit wollte ich mich nicht befassen.
Warum nur habe ich eine kleine Tüte Senf eingepackt, warum die leere Verpackung einer Zahncreme? So etwas wirft man doch weg.
Meine Tochter steht neben mir und sieht wie ich fassungslos den Kopf schüttele:

„Tja Mum, ist schon blöd, wenn ***mehrere*** *Leute* ***einen*** *Koffer packen?"*
Ich grinse sie etwas schief an.
„Ha, ha, echt witzig."
Innerlich muss ich aber dann doch schmunzeln.

Mein Ladekabel vom Handy hab ich wohl liegen lassen. Hab es bisher jedenfalls noch nicht gefunden.
Ich hasse meine Schusseligkeit, irgendwann vergesse ich noch mal zu atmen, ein Glück nur, dass das ein Reflex ist.
Nach einer Weile füllt mein Kopf sich wieder mit Watte. Ich brauche eine Pause. Gehe mal an die frische Luft.

12.20 h
Eben haben wir gegessen, alles war in Ordnung. Wir haben gelacht und eine Menge Spaß gehabt. Ganz plötzlich wieder Panik. Mir wird übel, ich muss mich übergeben. Mein Gott, was ist denn nun schon wieder geschehen, es war doch alles gut.
Ich habe das Gefühl weinen zu müssen, aber es kommen keine Tränen. In meiner Brust baut sich ein wahnsinniger Druck auf, und ich fühle mich mit einemmal total verzweifelt. Ich habe Angst, ich bin traurig, und abgrundtief verzweifelt – und - ich habe keine Ahnung warum?
Ich versuche mich abzulenken. Jetzt nur nicht hineinsteigern. Wo ist mein Igelball, verdammt, eben hatte ich ihn doch noch. Meine Hände zittern, die Angst wird größer, die Verzweiflung wächst, jemand in

meinem Kopf sagt: „Es ist aussichtslos." Es ist das Letzte was ich höre, dann wird es dunkel.

18.05 h
Es geht mir wieder besser. Nein, besser wäre der falsche Ausdruck. Es geht mir gut, keine Ahnung, was heute Mittag los war. Das Letzte an das ich mich erinnere war, das ich auf der Treppe saß, und dann war ich im Arbeitszimmer. Habe Musik gehört. Dazwischen, absolute Funkstille. Ich schaue auf die Uhr und erschrecke mich. Viereinhalb Stunden – das ist lang. Was hab ich gemacht in dieser Zeit? Ich wage nicht meine Familie zu fragen, möglicherweise gefällt mir ihre Antwort nicht. Ich werde noch mal angestrengt darüber nachdenken, an irgendetwas muss ich mich doch erinnern, das kann ja nicht alles weg sein.

Das Nachdenken fällt mir schwer. Manchmal ist mein Kopf so voller Gedanken, dass ich Schwierigkeiten habe sie zu sortieren. Es ist das reinste Chaos, und wenn ich mir vorstelle alles aufschreiben zu müssen, wüsste ich gar nicht, wo ich beginnen soll. Gedanken kommen und gehen, ohne jeglichen Zusammenhang und ich weiß noch nicht einmal warum ich sie denke, bin mir noch nicht einmal sicher ob ich sie überhaupt denken wollte. Es ist, als würde mir alles aus der Hand genommen, selbst das denken.
Dann sind da wieder die Augenblicke, in denen mein Kopf völlig leer gefegt zu sein scheint. In denen ich versuche herauszufinden, was mich gerade beschäftigt, aber da ist nichts, absolut gar nichts.
Gibt es das? Das man an nichts, rein gar nichts denkt?
Eines ist zumindest klar. Wie auch immer die Ärzte es nun nennen wollen, sollte eigentlich keine Rolle spielen.
Schließlich leide ich unter der Erkrankung und nicht unter der Diagnose.
Aber so, wie es derzeit ist, kann ich jedenfalls nicht weiter durchs Leben stolpern, denn anders kann man das nicht mehr bezeichnen.

Ich soll mich um meine „inneren Kinder" kümmern, mir eine Spielecke einrichten, hat man mir in der Klinik geraten. Dann würden sie sich auch alle melden.

Fein, dann befolge ich mal den Rat, denn schließlich möchte ich, dass es mir besser geht.

Im Schlafzimmer ist eine ziemlich große Nische, die ich nun eher halbherzig als mit dem Brustton der Überzeugung kindgerecht gestalte. Ein Gästebett mit Kinderbettwäsche, auf der Kommode einige Stofftiere und Puppen von früher, und Überbleibsel meiner eigenen inzwischen großen Kinder. Einige Geschenke von Mitpatienten aus der Klinik.
Ich muss sagen, es sieht sehr gemütlich aus. Ein eigenes kleines Reich. Als Kind hätte ich mir darüber ein Loch ins Knie gefreut. Aber jetzt brauche ich das alles nicht mehr.
Nun stehe ich hier in meiner riesigen Puppenstube, gegenüber an der Wand meine ‚innere Helferin' die ich in der Klinik malen musste. Sie soll mich schützen, ein Teil meines so genannten inneren Teams werden. Mir helfen mit Albträumen und schrecklichen Erinnerungen fertig zu werden. Sie erfüllt ihren Job sehr unzuverlässig. Natürlich tut sie das, sie existiert ja auch nicht wirklich. Es fällt mir schwer zu glauben, dass eine von mir selbst gemalte Karikaturfigur wirklich für Hilfe und Sicherheit sorgen kann.
Links an der Wand eine Kinderzeichnung von ‚Laura'. Ihr Name ist mit rosa Wachsmalkreide recht holprig quer über die Zeichnung gekritzelt. Das ganze gemalt auf meinem teuren Ölmalblock. Weiß dieses Gör nicht was das Papier kostet? Ich fand die Zeichnung eines Tages in meinem Zimmer, und habe sie wutschnaubend weggeworfen.
Meine Gestaltungstherapeutin überredete mich, es wieder aus dem Müll zu fischen und in meine Mappe zu packen.
Nun denn, wenn es schon mal da ist, kann ich es auch ebenso gut aufhängen. Es macht sich ganz gut in einem \`Kinderzimmer\` Eine kleine Kinderlampe spendet mir Licht, während ich schreibe. Sie ist noch von meiner inzwischen fast sechzehn jährigen Tochter.
Okay, alles erledigt, Auftrag ausgeführt.
Also, jetzt hocke ich hier in meiner ‚Spielecke', und warte darauf, dass irgendwas passiert. Aber, es passiert nichts, und ich komme mir total bescheuert vor.
Was soll auch schon geschehen? Lieber Himmel, ich bin vierundvierzig Jahre alt. Ich brauche keine Puppen und Spielsachen mehr. Keine

Buntstifte und Comics oder Schreibtischlampen mit Kindermotiven. Nichts davon – jetzt nicht mehr.
Mir wird schlecht. Dieses dämliche Kotzen geht mir auch ziemlich auf die Nerven.

26.August
0.39 h
Ich kann nicht schlafen. Schlaflos im westlichen Münsterland – mal wieder, und mal wieder rasende Kopfschmerzen. Wie soll man auch schlafen, wenn man den Kopf voller Gedanken hat?
Ich kann einfach nicht aufhören zu denken. Selbst im Schlaf denke ich noch. Manchmal werde ich tatsächlich wach, weil ich das Gefühl habe, jemand redet auf mich ein. Völlig verworrene Dinge, zusammenhanglos, scheinbar ohne jeglichen realen Hintergrund schießen mir plötzlich in den Kopf. Weiß der Himmel was mich da so beschäftigt, dass es mir den Schlaf raubt und woher all diese Gedanken stammen, die ich gar nicht denken möchte.
Wie komme ich nur auf all dieses wirre Zeug? Wieso habe ich Dinge im Kopf, die so weit von mir entfernt sind wie die Steinzeit?
Ich liege in meinem Ehebett. Mein Blick gleitet nach links zu meiner ‚Puppenstube'. Es sieht wirklich aus, wie ein kleines Kinderzimmer. Ich mag gar nicht darüber nachdenken, wie meine Frau damit wohl klar kommt.
Sie liegt neben mir, und sieht fern. Kein Wort zu meiner ‚Spielecke'.
Überhaupt ist sie in allem sehr verständnisvoll und mitfühlend.
Sie ist auch von der Diagnose, die mir gestellt wurde fest überzeugt.

„Ich habe wohl sehr viel mehr mitbekommen in den letzten Jahren als Du glaubst", sagte sie letztens zu mir.

Oha, also war da etwa doch was? Ich habe nichts gemerkt. Aber warum hat sie nie etwas gesagt? Oder hat sie, und ich habe es nicht wahrgenommen? Habe es nicht damit in Zusammenhang gebracht?

„Du bist in Deinen Stimmungen ziemlich wechselhaft. Wie Dr. Jekyll und Mr. Hide. Und manchmal bist du wie ein kleines Kind, oder kannst auch sehr aggressiv

sein, das ist dann weniger lustig. Wenn man dir das dann sagt, streitest du alles ab, als wäre überhaupt nichts gewesen. Du bist dann völlig fassungslos, weil du dich gar nicht daran erinnern kannst, das überhaupt irgend etwas vorgefallen ist."

Ich muss heftig schlucken. Das will ich nicht hören, so etwas nicht.
Es erinnert mich an die Aussagen einiger meiner Mitpatienten aus der Klinik. Auch ihnen hatte ich mein Leid geklagt:

„*Die Ärzte haben sich bei der Diagnose doch sicher geirrt.*"

Sie haben mich nur kopfschüttelnd, milde angelächelt:

„*Nein, haben sie nicht, ganz sicher nicht!*"

Warum zum Geier weiß eigentlich jeder so genau was mit mir ist, nur ich eben nicht?
Aber, ich weiß es ja. Ich **will** es eben nur nicht wissen, und schon gar nicht möchte ich Betroffen sein.
Es gibt nicht viele Möglichkeiten diese Störung zu entwickeln, sie anzuerkennen bedeutet auch anzuerkennen, dass ..., *ich habe nicht geträumt,* ist mein letzter Gedanke.

8.00 h
Ich bin etwas nervös. Gleich werde ich die Traumtherapeutin anrufen um einen Termin zu vereinbaren.

Ich hab es bereits gestern Abend versucht. Ein Mann meldete sich am Telefon und bat mich doch während der Sprechzeiten anzurufen. Ich war etwas irritiert, denn es war neunzehn Uhr vierzig.
Sprechzeiten von acht bis neun, und von neunzehn bis zwanzig Uhr
Okay, ich würde dann morgen noch mal anrufen. Heute früh fiel mir dann ein, dass meine Uhr möglicherweise wieder stehen geblieben ist. Das geschieht oft in der letzten Zeit. Ich habe schon drei Mal neue Batterien eingelegt, aber sie scheint wohl defekt zu sein.
Oh, mein Gott , wie peinlich.
Die Leute am Abend privat zu belästigen.

So, Anruf getätigt, Termin am 13. September um sechzehn Uhr. Adresse habe ich mir direkt in mein Tagebuch notiert, auch alle anderen Daten, wer weiß wozu es gut ist.
Sie klang sehr nett am Telefon. Mal sehen, ob wir miteinander klar kommen.

12.51 h
Ich habe eben mit einer Freundin telefoniert. Sie hat versucht mich ein wenig aufzumuntern, jedoch nicht ohne mir nochmals dringend ans Herz zu legen, es endlich zu akzeptieren.

„Sie sind so was wie gute Feen", sagte sie, *„sie haben dir geholfen zu überleben."*

Jaaaa, das weiß ich ja inzwischen alles. Zumindest in der Theorie. Ich habe alles glasklar im Kopf, aber irgendwie will es einfach nicht tiefer rutschen.
Ich will es mir einfach nicht vorstellen, dass wie auch immer geartete Kindanteile nach vorne preschen, und die Kontrolle über diesen doch schon ein wenig ergrauten und faltigen Körper übernehmen. Die Vorstellung darüber, nicht genau zu wissen, was gerade geschieht, keine Kontrolle mehr zu haben, versetzt mich in Angst.
Schreckensvisionen überfallen mich. Bilder von süffisant grinsenden Menschen. Sie stehen im Supermarkt vor mir, und lachen mich aus.
‚Hast Du die Verrückte gesehen? Sie kriecht auf allen Vieren wie ein Kleinkind! Hahahahahahaha!'
Ich wische mir die Bilder aus dem Kopf. Auf meiner Stirn bilden sich kleine Schweißtröpfchen.
Oh, mein Gott, ich schäme mich so sehr.
Wie soll ich denn so jemals wieder unter Menschen gehen? Was ist, wenn wirklich einmal eine solche Situation eintritt? Wer weiß, vielleicht war ich auch schon in ähnlicher Lage, und kann mich nur nicht mehr daran erinnern.
Der Gedanke daran lässt mir das Blut in den Adern gefrieren.
„Am besten du bringst dich einfach um, das wird eh nichts mehr!"

Der Gedanke hämmert mir plötzlich durch den Schädel, und scheint mir der einzig logische Ausweg zu sein.

Diesen Rat, hat mir eine ‚wohlwollende' Mitpatientin in der Klinik auch schon erteilt. Es war nach der ersten Gruppenstunde in der wir uns gegenseitig vorstellen sollten. Zunächst in Zweier-Gruppen dem jeweils anderen etwas von sich berichten, damit dieser dann im Anschluss der gesamten Gruppe davon berichten kann. Ein großes Unwohlsein breitet sich in mir aus, als ich den Auftrag höre. Was um Himmels willen, soll ich ihr denn nur erzählen? Ich habe ja keine Biographie, nicht wirklich. Ich warte erst einmal ab, lass erst meine Mitpatientin von sich erzählen. Das bringt mir etwas Zeit darüber nachzudenken, was ich denn nun von mir erzählen könnte. Aber sie ist schnell fertig. Nun bin ich dran. Wo fang ich nur an? Was soll ich sagen? Sie will mir auf die Sprünge helfen.

„Wo kommst du denn überhaupt her. Wo bist du geboren. Fang doch damit kurz an, dann ergibt sich schon der Rest.“
„Ja, geboren wurde ich in …“

Meine Gedanken schweifen ab. Mit einem Mal stehe ich wieder in meinem Elternhaus, sehe meine Mutter, meinen Vater, und dann …, ergibt sich der Rest!
Aus ganz weiter Ferne vernehme ich eine leise Stimme. Zunächst verstehe ich nicht was sie sagt, aber von Sekunde zu Sekunde wird sie lauter, und nun kann ich sie hören.

„Schauen Sie sich doch mal um, wo Sie hier sind. Sehen Sie aus dem Fenster. Was sehen Sie da draußen?“

Es ist die Stimme von Frau Dr. Bauhardt, meiner Therapeutin. Ich versuche meinen Kopf zu bewegen, um aus dem Fenster zu sehen, aber ich kann nicht. Ich bin wie eingerostet. Alles ist irgendwie so nebelig und ich fühle mich wie in einen Seidenkokon gewickelt. Ich will da raus, aber es ist unglaublich schwer. Sie redet weiter leise und sanft auf mich ein.

„Ich werde Sie jetzt anfassen. Haben Sie keine Angst.“

Sie nimmt ganz vorsichtig meine linke Hand, und die Berührung hilft mir irgendwie ein wenig nach vorne zu rutschen. Ich versuche mit aller Kraft mich aus dem Kokon zu wickeln, wieder aufzutauchen, und langsam, ganz langsam schaffe ich es den Kopf zu drehen und aus dem Fenster zu sehen. Es ist noch alles sehr verschwommen, aber es wird zunehmend klarer. Ich erkenne Bäume, und Büsche. Es kostet mich eine unglaubliche Kraft den Mund zu öffnen und zu reden, aber schließlich gelingt es mir. Und von Wort zu Wort wird es besser, einfacher, auch das Bewegen wird wieder leichter. Langsam ganz langsam nehme ich wahr wo ich bin. In der Klinik, und es ist 2010. Meine Therapeutin hilft mir. Sie fordert mich immer wieder auf mich umzusehen, wahrzunehmen, aufzuzählen, bis es mir schließlich gelingt sie direkt anzusehen, und nun bin ich wieder voll da.

„Sind Sie jetzt wieder da?“, sie lächelt mich an.
„Ja, alles okay, danke.“

Ich blicke mich um, sehe meine Mitpatienten die in einem Halbkreis um mich versammelt sind. Sie starren mich mit zum Teil halb geöffneten Mündern an, als wäre ich ein hypnotisiertes Kaninchen. Keiner sagt ein Wort. Ich komme mir vor, wie die Hauptattraktion in einer Kuriositätenshow. Fehlt nur noch, dass sie mir Erdnüsse zuwerfen. Ich fühle mich schrecklich. Meine Therapeutin durchbricht das gruselige Schweigen:

„Soll ich Sie nach oben in Ihr Zimmer bringen? Ich glaube, es reicht für heute oder?“
„Ja, bitte, ich bin sehr müde.“

Sie bringt mich nach oben. Vor dem Stationszimmer bittet Sie mich kurz zu warten. Ich höre wie sie den Schwestern kurze Infos gibt, dann kommt sie mit einem Coolpack heraus und drückt es mir in die Hand. Eine Schwester steht neben ihr.

„Geht es wirklich wieder?“
„Ja, danke, alles in Ordnung.“

„Ich muss jetzt wieder zur Gruppe zurück. Die Schwester wird Sie auf Ihr Zimmer bringen."
„Ja, sicher. Ist schon okay."

Sie steht noch eine kurze Weile scheinbar unschlüssig vor mir und sieht mich an. Ich schaue in ihre Augen und sehe, dass sie wirklich ehrlich sehr betroffen ist.

„Darf ich Sie mal kurz in den Arm nehmen?"

Für einen Moment bin ich völlig verdattert. Mit soviel Mitgefühl habe ich nicht gerechnet. Aber ich muss zugeben, es tut mir gut. Noch niemals hat ein völlig fremder Mensch mit so viel Verständnis darauf reagiert.
Ich lache sie an.

„Ja, dürfen Sie gerne."

Sie nimmt mich in den Arm und drückt mich ganz kurz, dann nickt sie mir zu und dreht sich weg, um zur Gruppe zurück zu gehen.
Die Schwester begleitet mich auf mein Zimmer, und nachdem ich auch ihr nochmals versichert habe, dass alles in Ordnung ist und ich nur schrecklich müde sei, lässt sie mich allein.
Später dann treffe ich eben besagte Mitpatientin, die mir nun doch noch eine Nuss zuwirft.

„Also, was ich dir noch sagen wollte. Aber nicht, dass ich dir das nicht gönne. Ich meine, wir haben ja alle unser Päckchen zu tragen, jeder ist krank, aber mal ganz ehrlich, glaubst du dass man ***dir*** *noch irgendwie helfen kann? So wie ich das sehe, bist* ***du*** *psychisch betrachtet bereits tot, du hast es nur noch nicht gemerkt. Also na ja, tut mir leid, aber das ist nun mal meine Meinung. Echt das wird doch nichts mehr. Wie sollen die denn so was noch hinbekommen?"*

Noch ehe ich etwas erwidern kann, dreht sie sich weg und lässt mich einfach stehen.
Ich zittere am ganzen Körper. Hat sie Recht? Soll ich Schluss machen?

Nein, verdammt noch mal, nein, ich will mich nicht umbringen. Ich will gesund werden.
DAS ist eine sinnvolle Alternative, also höre auf, solche schrecklichen Dinge zu denken. Ich ignoriere ihre faule Nuss, und beschließe, mich für den Rest der Therapiezeit von Leuten, die mich demotivieren wollen, deutlich zu distanzieren.

17.39 h
Ich bin fassungslos. Ich wollte doch nur einkaufen. Jetzt hocke ich hier auf einem Parkstreifen inmitten eines Wohngebietes, das ich noch nie in meinem Leben gesehen habe.
Ich habe keine Ahnung wo ich bin, aber was noch viel schlimmer ist, ich habe keinen blassen Schimmer wie ich hier hingekommen bin.
Ich schaue auf mein Handy. Meine Frau Judith hat bereits mehrfach versucht mich zu erreichen, ebenso mein erwachsener Sohn. Ich hab das Telefon gar nicht schellen gehört. Eine Kontrolle ergibt schnell dass ich die Stummschaltung nicht aktiviert habe, ergo hätte ich es hören müssen.
Ich rufe erstmal Judith an. Sie teilt mir mit, dass man mich bereits seit längerer Zeit vermisse und will wissen wo ich bin.
Ich schaue mich um. Katharinenstraße, na prima, kenne ich nicht.
Immer noch in der Annahme dass ich im Nachbarort in der Nähe des Supermarktes bin, steige ich aus.
Beim Umsehen fällt mir auf, dass die Fahrzeuge, die in meiner unmittelbaren Nähe geparkt sind, alle ein ortsfremdes Kennzeichen haben. Liebe Güte, wo bin ich denn nur?
Jetzt hab ich genug, ich spreche eine Passantin an, und frage sie in welcher Stadt wir uns befinden. Sie sieht mich an als hätte ich mich nach dem nächsten Shuttle zum Mond erkundigt. *„Na, in Dinslaken."* quetscht sie hervor, und ihr Tonfall lässt keinen Zweifel daran, dass die Beantwortung der für sie ganz offensichtlich vollkommen überflüssigen Frage sie ein wenig ärgert.
Ihr Verhalten ärgert mich nun ebenfalls, was weiß sie denn schon, schließlich gibt's einen Grund, warum ich frage. Ich schlucke meinen Ärger aber hinunter, und bedanke mich höflich. Beim Weggehen bemerke ich ihren Blick, mit dem sie mich von oben nach unten regelrecht abscannt.

Ich folge diesem Blick, und erlebe die nächste höchst unangenehme Überraschung. Mein Pullover ist nicht nur starr vor Schmutz, es befinden sich überdies noch drei riesige Brandlöcher darauf. Vorsichtig schleiche ich zu meinem Wagen zurück und riskiere einen Blick in den Außenspiegel.
Nun ist mir klar, warum sie so irritiert geschaut hat. Ich sehe aus, als hätte man mich gerade eben aus einem dunklen Loch gezogen.
Was um alles in der Welt habe ich nur gemacht? Wie komme ich nach Dinslaken? Warum sehe ich so verwahrlost aus? Aber vor allen Dingen, warum kann ich mich an nichts erinnern? Ich bin immerhin gute achtzig Kilometer mit dem Auto gefahren. Das kann man doch nicht einfach vergessen?!?
Ich spreche wieder mit Judith. Sie sagt, ich solle nun unbedingt dort stehen bleiben, sie käme mich abholen. Sie will auch jemanden organisieren, der mein Auto zurück fährt.
Im Geiste höre ich sie mit dem Nachbarn reden. ‚Ja, ich weiß auch nicht wie sie das gemacht hat. Nein, sie kann jetzt auf keinen Fall mehr mit dem Wagen fahren, wer weiß wo sie dann wieder landet. Könntest Du nicht vielleicht? …'
Wie peinlich das doch ist.
Ich setze mich ins Auto zurück. Ich bin müde und ich habe wahnsinnige Kopfschmerzen. In der letzten Zeit habe ich oft Kopfweh, so schlimm das es schon an Migräne grenzt.
Zur Toilette muss ich auch. Ich will nur noch nach Hause, aber ich muss hier auf Judith warten.
Ich könnte so losheulen.
Akribisch genau versuche ich den Weg zu rekonstruieren. Da muss doch irgendetwas hängen geblieben sein.
Ich war einkaufen, habe die Sachen in den Wagen geladen, bin vom Parkplatz gefahren und … das war es. Nichts mehr danach, bis Dinslaken.
Was habe ich zuletzt gesehen, was gehört, wahrgenommen wie auch immer?
Mensch Mädel, nun erinnere Dich doch. Man fährt doch nicht mal eben über achtzig Kilometer, ohne zu wissen wie und warum?
Ich bemühe mich wirklich nach Kräften, aber es bleibt dunkel.

Meine Kopfschmerzen sind im Laufe meiner Nachforschungsbemühungen immer heftiger geworden. Hunderte von Trommlern scheinen ein disharmonisches Stück zu schlagen, immer kräftiger, immer lauter, anschwellend zu einem grauenhaften Crescendo.
Ich würde so gerne meine Augen schließen, aber das kann ich nicht. Kann dann nicht mehr sehen was draußen geschieht, das wäre zu gefährlich. Ich muss immer alles kontrollieren. Aber das Schreiben in mein Tagebuch stelle ich ein, die Buchstaben tanzen schon vor meinen Augen. Ein kleinwenig erholen …

Etwa eine Stunde später kommt Judith die Strasse entlang gefahren, und parkt neben meinem Wagen. Sie ist allein.
Gemeinsam setzen wir uns schweigend auf die Bordsteinkante, und zünden uns eine Zigarette an.
Ich habe Schwierigkeiten ihren Gesichtsausdruck richtig zu deuten.

„Bist du sauer?“
„Ich mache mir Sorgen, was hast du denn hier gewollt?“
„Ich weiß es nicht, Nichts!“
„Bist du über die Autobahn gefahren, oder über die Landstrasse?“
„Keine Ahnung, ehrlich, ich kann mich an nichts erinnern.“
„Meine Güte, was da alles hätte passieren können. Darüber darf ich gar nicht nachdenken.“
„Ist ja nichts passiert.“
„Na ja“

Sie schaut mich musternd an.

„Ja, der Pulli ist hinüber.“
„Du solltest nicht im Auto rauchen.“
„Ich weiß ja gar nicht ob das im Auto passiert ist. Ich weiß gar nichts mehr.“
„Ich habe niemanden gefunden, so auf die schnelle. Meinst du, du schaffst es selber den Wagen zurück zu fahren?“
„Ja, sicher.“
„Na ja, so sicher bin ich mir da nicht. du fährst genau hinter mir her, hörst du?“
„Ja, aber ich muss erst zur Toilette.“

„Ich habe an der Ecke einen Imbiss gesehen, da können wir kurz anhalten. Bist du jetzt soweit in Ordnung, können wir fahren?“
„Ja, alles in Ordnung.“

Betreten krieche ich in meinen Wagen, und komme mir vor wie ein ‚armer Sünder'.

23.50 h
Seit etwa einundzwanzig Uhr bin ich wieder daheim.
Erschöpft liege ich in meinem Bett, schlafen kann ich aber nicht. Zum Glück haben die Kopfschmerzen etwas nachgelassen.
Meinen Autoschlüssel haben sie mir sofort abgenommen. Es sei wohl sicherer, wenn ich die nächste Zeit nicht mehr allein mit dem Wagen fahre.
Scheint so, als entwickle ich mich Stück für Stück weiter zurück. Immer mehr Dinge gehen nicht mehr.
Immer mehr Einschränkungen und Verbote. Mein Leben bricht völlig auseinander, und es gibt nichts, dass ich dagegen machen kann.
Wo soll das alles nur enden?
Ich bin doch mal recht clever gewesen. Habe ein Abitur gemacht, und gar nicht mal schlecht. Diplome, Staatsexamen, alles in der Tasche.
Wie ist das denn alles nur möglich gewesen? Warum geht jetzt nichts mehr? Kann das denn jahrelang so verborgen sein?
Abi, Diplome – pah – heute kann ich nicht mal mehr Auto fahren. Nicht mal mehr telefonieren. Es schellt und ich halte das Mobilteil in der Hand, als hätte ich so was noch nie in meinem Leben gesehen. Dann drücke ich auf den falschen Knopf und beende das Gespräch, noch ehe es begonnen hat. Es klingelt wieder, und wieder weiß ich nichts damit anzufangen.
So ähnlich muss sich jemand fühlen, der aus der dem Mittelalter in unsere Zeit katapultiert wurde.
Ich wusste einfach nicht mehr, warum dieses Ding in meiner Hand bimmelt. Fünfzehn Minuten später fiel es mir wieder ein, aber als es klingelte hatte ich schlichtweg keine Ahnung.
Wenn das in dieser Geschwindigkeit weiter geht, bin ich nächste Woche zu dumm um aus dem Fenster zu winken.

Ich sehe mich schon verwirrt auf der Strasse umherirren. Eine Ohrmarke als Kennzeichnung und einen implantierten Peilsender im Oberarm.
Die Leute blicken auf meine Ohrmarke und sagen: „Ach, das ist die, die immer alles vergisst, die Verwirrte, komm wir schleppen die mal eben nach Hause."

Na, na, was sind denn das für böse Phantasien? Nein, so weit wollen wir es dann doch nicht kommen lassen. Die Therapie wird schon helfen, und wenn nicht, dann … na ja. Jedenfalls werde ich nicht völlig verwahrlost, ohne jegliche Orientierung, mit schmutzigen Haaren und abgekauten Fingernägeln im Stadtpark herumlungern .Ehe das geschieht gehe ich lieber würdevoll, dann aber für immer.

27.August
4.21 h
Kann nicht mehr schlafen. Seit einer Stunde bin ich schon wach, weil ich wirklich heftig geträumt habe.
Was, das weiß ich schon nicht mehr, das habe ich inzwischen wieder vergessen. Das ist vielleicht auch besser so.
Nun irre ich hier im Haus umher, und weiß gar nicht so recht, was ich mit mir anfangen soll.
Habe zu nichts wirklich Lust und kann mich auch nicht lange genug an einem Ort aufhalten um etwas Konstruktives zu beginnen.
Jeder Platz zu dem ich gehe, scheint nicht der richtige zu sein, und nach wenigen Minuten verspüre ich den Drang meinen Standort zu wechseln.
Da ist sie wieder, meine ‚Fluchttendenz'. Sie ist eine alte Freundin, die mich oft besucht, und mich dazu verleitet immer wieder unschlüssig durch die Gegend zu wandern, und andere Orte zu finden, weil es nirgends wirklich gut, wirklich **sicher** scheint.
So treibt sie mich von Zimmer zu Zimmer, von Stuhl zu Sessel, zurück zum Sofa, immer weiter, immer wieder wo anders hin.
Na schön, von mir aus, hier im Haus ist es ja nicht so schlimm. Wenn ich daran denke, was sie in der Klinik mit mir angestellt hat. Insgesamt

drei Mal habe ich dort meine Koffer gepackt und wollte wieder weg. Mitten in der Therapie, mitten in der Nacht!
Drei mal Ärzte Info, ein riesiges Tohuwabohu, alles nur weil sie mir suggeriert, dass es **hier** momentan nicht sicher ist.

Drei mal habe ich in der Klinik ein anderes Zimmer bekommen, zuletzt genau gegenüber dem Stationszimmer. Da war immer jemand der aufpassen konnte. Danach ging es dann.
Ich bin schon ganz schön anstrengend!
Im Augenblick bin ich im Arbeitszimmer, aber eigentlich möchte ich hier schon wieder raus.
Nur wohin?
Ich war bereits im Wohnzimmer, in der Küche, im Garten. Überall ist es dasselbe. Die ganze Welt scheint nicht sicher zu sein.
Nein, Mädel, das liegt in dir drin.
Okay, Realitätsabgleich: Es ist der 27. August 2010. Ich bin vierundvierzig Jahre alt und in meinem eigenen Heim. Alle Türen sind verschlossen. Es kann niemand herein. Es kann nichts geschehen, und es wird nichts geschehen. Also, zwing Dich zur Ruhe.

Ich atme tief durch und hole mir ein Coolpack, und etwas zu trinken.

Sicher ist sicher!

5.20 h
Ich bin wieder im Schlafzimmer.
Eben kam Judith noch in die Küche runter. Sie müsse doch mal sehen wo ich wieder so rum wandere, und ob alles in Ordnung sei.
Hm, danke für den Hinweis auf meine Unberechenbarkeit.
Die Ohrmarke und das Peilsenderimplantat rücken wieder in mein Bewusstsein.
Nein, das ist nicht fair. Natürlich macht sie sich Sorgen, das würde ich an ihrer Stelle auch.
Es ist sicher nicht leicht für sie. Ich bin eine große Belastung, das ist mir schon klar, und sie beklagt sich nicht, trägt alles mit Fassung. Sie hilft und unterstützt mich, wo sie nur kann.

Versucht es mir so leicht und angenehm wie nur irgend möglich zu machen.
Sie liebt mich wirklich!
Wenigstens dieses eine Mal, habe ich im Leben großes Glück gehabt. Einen Menschen zu treffen, der mich so nimmt wie ich bin, anstrengend, unberechenbar, nicht belastbar, kränkelnd, scheinbar ohne jegliche Biographie.
Einen Menschen der mir Halt gibt, und mich stützt, zu mir hält, und immer bei mir ist. Trotz allem, was ich an Schwierigkeiten mit mir bringe.
DAS IST NICHT SELBSTVERSTÄNDLICH! – Nein, ist es nicht!
Und ich, kann so wenig davon zurückgeben.
Ja, – sie liebt mich, und ich liebe sie.
Das sind doch wunderbare Gedanken. Mit ihnen versuche ich noch einmal einzuschlafen, und wenn ich jetzt wieder träume, dann etwas schönes.

9.00 h
Bin vor etwa fünfzehn Minuten aufgewacht. Habe noch mal richtig tief geschlafen.
Das hat mir sehr gut getan. Warum kann ich eigentlich so viel besser schlafen, wenn es draußen hell ist?
Wenn ich leise Nebengeräusche vernehme? Die Unterhaltung meiner Familie. Das Schlagen der Autotüren, wenn die Nachbarn zur Arbeit fahren. Merkwürdig, andere Menschen fühlen sich davon beeinträchtigt, ich kann dann erst so richtig loslassen.
Wenn es dunkel ist in der Nacht, kann ich mich gar nicht entspannen, egal wo ich bin. Die Dunkelheit macht mir große Angst.

14.50 h
Der Vormittag verlief ohne weitere Vorkommnisse. Wie schön. Ich brauche es nun wirklich nicht, dass alles aus dem Ruder läuft, und kann es sehr gut aushalten, wenn es mir gut geht.
Morgen treffe ich mich mit zwei ehemaligen Mitpatientinnen aus der Klinik, die in meiner Nähe wohnen, und mit denen ich mich angefreundet habe.
Darauf freue ich mich schon sehr.

Eine von ihnen, Kerstin, holt mich dann hier ab, und gemeinsam fahren wir zu Heidi.
Ich habe ihr gesagt dass ich im Moment nicht Auto fahren kann, und sie versteht das gut.

28.August
11.00 h
Ich bin sauer, richtig sauer!
Heute Nacht hat eine so genannte Freundin mehrfach angerufen, und uns terrorisiert. Auch im Maileingang hat sie sich ausgetobt.
Zugegeben, sie hat auch große Probleme, aber, das ist kein Grund andere so zu bedrängen, dass sie nicht mehr ein noch aus wissen.
Dabei hatten wir durchaus Hilfestellung geleistet, ihr sämtliche uns zur Verfügung stehenden Brücken gebaut. Auch Judith hat sich ganz besonders bemüht.
Es schien soweit auch alles in trockene Tücher gepackt, die Probleme waren augenscheinlich erst einmal gelöst.
Einige Tage Geduld hätte sie eben haben müssen, statt dessen hat sie sich betrunken, und sich bei uns aufgeführt wie die Axt im Walde.
Das ist ja mal gar nichts für mich.
Eine **Besoffene,** die mich **nachts** terrorisiert und unter Druck setzt.
Ich bin von einer Ohnmacht in die nächste gefallen, an Einzelheiten erinnere ich mich schon nicht mehr.
Die Nacht war einfach nur grauenhaft.

„Ich werde das nicht mehr zulassen. Damit ihr alle mal genau Bescheid wisst. So geht es nicht weiter!“

Ich finde diesen Satz als kurze Notiz in meinem Tagebuch. Die Handschrift erkenne ich nicht wieder.
Ich bin schier entsetzt!
Wer hat sich meines Tagebuchs bemächtigt, und es gewagt auch noch da hinein zu schreiben? Aber ich trage es doch immer bei mir. Selbst wenn ich das Haus verlasse, habe ich es in meiner Handtasche.
Ein unangenehmer Verdacht keimt in mir auf. Ich schiebe den Gedanken rasch beiseite.

Weg schieben, nicht mehr daran denken, verdrängen, vergessen – wenigstens etwas dass ich geradezu in Perfektion beherrsche.

12.15 h

Ich war wohl eine Weile eingeschlafen – denke ich.
Willkommen zurück.
Etwas in mir sträubt sich, da weiter zu schreiben, wo ich eben aufgehört habe. Nur soviel noch.
Was geschehen ist, ist nicht dass, was ich unter Freundschaft verstehe.
Wie war das noch mal?
Ich soll lernen wie man Grenzen setzt und wie man ´Nein´ sagt?
Prima, dann üben wir doch gleich einmal.
Es wird mir nicht leicht fallen, aber was habe ich schon zu verlieren?
Eine Freundin, die mich ausnutzt und mich, wohl wissend über meinen Zustand, in eine für mich unerträgliche Situation bringt?
Die, nur um ihr Ego zu befriedigen, und Aufmerksamkeit zu erlangen, weit über meine Belastungsgrenze hinaus geht und sich dabei von nichts und niemanden bremsen lässt?
Brauche ich solche Freunde?
Auf jeden Fall brauche ich dann keine Feinde mehr!
Sie hat getrunken, aber das ist keine Entschuldigung. Ich will so jemanden nicht mehr in meiner Nähe haben, nie mehr. Auch nicht am Telefon. Und erst recht dann nicht, wenn er getrunken hat.
Das werde ich ihr sagen.
Die wenigen guten Stunden die ich habe, lasse ich mir nicht nehmen, von niemandem!

22.52 h

Der Nachmittag war sehr schön. Kerstin kam um mich abzuholen. Gemeinsam sind wir zu Heidi gefahren, und haben den Rest des Tages miteinander verbracht.
Am Abend hat Kerstin mich dann nach Hause gefahren und blieb noch bis einundzwanzig Uhr dreißig. Mal abgesehen von den drei kleinen Aussetzern die ich heute hatte, war der Tag doch recht gelungen.
Aussetzer - hm, kein sehr schönes Wort. Es gibt eine Bezeichnung dafür. Sie kommt mir aber nicht über die Lippen. Warum nur, kann ich nicht in mein Herz integrieren, was mein Kopf schon lange weiß?

Okay, gehen wir mal logisch an die Sache heran.
Wenn hundert Leute Hüh sagen, und einer sagt Hott, wer mag dann wohl recht haben?
Etwa fünfundvierzig Personen, die mir auf Anhieb einfallen, bestätigen die Diagnose der Ärzte. Behaupten sogar, sie hätten bereits Kontakt zu ‚anderen' gehabt.
Zusätzlich etwa zwanzig Menschen, die ich als qualifiziertes Fachpersonal bezeichnen würde, und denen ich bislang begegnet bin.
Ärzte, Psychologen, Gestaltungstherapeuten, Krankenpflegepersonal, Chef und Oberärzte, allesamt Fachleute für Traumatologie.
Sie haben mich persönlich erlebt, mit mir geredet, mich beobachtet, Wochen – Monatelang.
Alle – ohne Ausnahme sind zum selben Ergebnis gekommen!

Wie ich es auch drehe und wende, wen auch immer ich davon überzeugen will, dass alles nur ein Irrtum ist, ich stoße auf taube Ohren.
Okay, zugegeben, ich dissoziiere manchmal ein bisschen, ja, manchmal auch ein bisschen mehr, aber so schlimm? Puh, nein, das kann ich mir einfach nicht vorstellen, ich **will** es mir nicht vorstellen.

„Ja, weil Du blöd bist. Du hältst Dich wohl für was ganz besonderes wie? Du hast alles im Griff, ja sicher! Du bist ein Hemmschuh, nichts weiter."

Wer hat das gesagt? Ich schaue mich sicherheitshalber noch einmal um, aber ich weiß genau, ich bin allein in meinem Schlafzimmer. Die Stimme ist in meinem Kopf. Himmel, ich fange wirklich langsam an zu spinnen.
Oder nicht? Da gab es doch nun schon öfter solche ‚Vorfälle'.
Ich weiß es, im Grunde weiß ich es ganz genau, aber ich kann nicht dazu stehen, noch nicht. Ich **will** es einfach nicht. Nein, ich **will** nicht, **will es einfach nicht!**

Mein Blick geht nach links zu meiner ‚Puppenstube'. Ein kleiner grauer Plüschesel ist heute dazu gekommen.
Kerstin hat ihn mitgebracht. Er ist ganz weich und kuschelig.
Siedendheiß fällt mir ein, welchen Stress ich damit heute Mittag hatte:
Kerstin gibt mir den Esel.

„Ich hab ein Geschenk für dich."
Ich halte den Esel in der Hand. An seinem Ohr hängt eine Karte.
„Von Kerstin für Laura"
Laura, ich habe den Namen noch nicht ganz zu Ende gelesen, da flimmert es vor meinen Augen, und ich weiß genau was jetzt wieder passiert.
Oh, mein Gott, nicht jetzt, nicht hier. – Ich ramme mir die Fingernägel in die Unterarme, kneife zu, so fest ich kann. Es hilft, mein Blick wird etwas klarer, aber ich weiß dass ich dieses mal verlieren werde, meine Kraft reicht nicht aus um auf Dauer dagegen zu halten.
Sie will den Esel, unbedingt, und sie will ihn jetzt, sofort. Meine Schädeldecke scheint zu explodieren, sie drängt mit aller Macht nach vorne. Ich kann nur noch wenige Sekunden dagegen halten.
Ich rase ins Bad, und hoffe das es nicht so lange sein wird.

„Bitte nur ein paar Minuten, heute Abend darfst Du länger, okay?"

Die Badtür schlägt hinter mir zu, dann wird es dunkel.

Ich wache auf, hocke auf dem Boden, mit dem Rücken an der Klotür. In meinen Armen halte ich den Esel, mein Gesicht fest auf seinen weichen Kopf gedrückt. Ein unglaubliches Glücksgefühl durchströmt meinen Körper und mir laufen Tränen über das Gesicht.
Meine Güte, hat dieses Kind sich gefreut.
Ich schaue auf die Uhr. Es waren wirklich nur ein paar Minuten, es sei denn die Uhr ist wieder mal stehen geblieben. Ich wasche mir schnell das Gesicht, und gehe zurück.
Kerstin grinst mich an, und ich fühle mich irgendwie ertappt.
„Na, gefällt dir der Esel?"
„Öhm, ja, Danke"
„Er ist auch verletzt, siehst du, er hat überall Pflaster aufgeklebt und ein blaues Auge."
„Ja, hab ich gesehen, aber mir geht's gut."
„Ja, na klar, dir geht's gut. Wie immer nicht?"
„Kerstin, ich kann das alles einfach nicht glauben, ich will es nicht glauben!"
„Süße, sie sind ***für*** *dich, und nicht* ***gegen*** *dich. Warum versuchst du nicht einfach mal sie als eine Art Helfer zu sehen, oder Retter? Sie tun dir doch nichts."*

„Na ja, immerhin stehlen sie mir meine Zeit, und bringen mein Leben durcheinander."
„Ach so, sie bringen dein Leben durcheinander ja? Wenn du sie nicht gehabt hättest, dann gäbe es da jetzt nicht mehr viel, das sie durcheinander bringen könnten. Mensch, kapierst du es denn nicht, sie haben dir das Leben gerettet!"
„Ja, stimmt schon, das war ja auch ganz nett, aber nun brauche ich sie nicht mehr."
„Nein, jetzt brauchst du sie nicht mehr, aber jetzt brauchen sie ***dich****. du könntest ruhig mal ein wenig dankbarer sein. Sie wollen diesen elenden Mist jetzt endlich loswerden. Willst du sie damit sterben lassen?"*

Aua – das saß! Ihre Worte geisterten mir noch eine ganze Weile im Kopf herum, aber jetzt am Abend, hatte ich sie doch tatsächlich wieder verdrängt.
Ich hocke hier, und stelle eine ganz nüchterne kühle Bilanz auf, bis – ja bis ich eben wieder diesen Esel gesehen habe.
Ich bin wirklich undankbar, Kerstin hatte völlig Recht.
Mich aufzufächern, hat mir das Leben gerettet, alles was an unerträglichen Erinnerungen, Gefühlen und Schmerzen an mich herangetragen wurde, haben andere Seiten von mir aufgenommen, die sich so verselbstständigt haben, das sie jetzt ein Eigenleben führen möchten.
Vielleicht hat Kerstin auch damit Recht, dass sie nur ihre Erinnerungen wieder abgeben wollen, die Qualen, die sie erdulden mussten, endlich jemandem mitteilen, die Schmerzen stillen und die Not lindern.
Das schaffen sie nicht ohne mich, wie denn auch?

Sie sind ich!

Und ich ignoriere sie, ignoriere mich!
Es beschämt mich, dass ich so schlecht mit mir selbst umgehe. Als hätten dies nicht andere schon ausreichend getan.
Für einen Moment sehe ich alles klar vor mir.
Ja, ja, ich **bin** wohl tatsächlich Multiple, ich **will** es eben nur nicht sein.
Ich bin traurig, und dann fällt mir mein Versprechen von heute Mittag wieder ein.
Ein kleines Mädchen wartet sehnsüchtig darauf, heute noch mal mit seinem Esel spielen zu dürfen.

Sie ist erst fünf Jahre alt, und es war das erste Mal in ihrem Leben, dass jemand etwas Gutes für sie getan hat. Ein eigenes kleines Spielzeug. Sie hat sich so unglaublich gefreut.
Ein Versprechen muss man halten. Zeit für die ‚Kleine' zu lernen, was Verlässlichkeit ist.
Ich hole den Esel von der Kommode und lege mich aufs ‚Kinderbett'. Dann schließe ich meine Augen, und trete zum ersten Mal freiwillig zurück.

Viele: gezeichnet von ‚Ira'

29. August
12.02 h

Es war eine mittelprächtige Nacht. Zwei mal bin ich von Alpträumen geweckt worden. Irgendwie bin ich wohl in mein Ehebett gekommen, den Esel halte ich noch am morgen im Arm.

Na, meinetwegen, das macht ja nichts. Auch große Leute können mit Eseln kuscheln.
Es geht mir ganz gut am heutigen Vormittag, und so nutze ich die Gelegenheit und versuche ein Stück vorwärts zu kommen. Ich plane meinen abgelehnten Antrag auf Opferentschädigung (OEG) wieder zu aktivieren. Zur Not werde ich diesmal klagen. Dazu brauche ich die Hilfe meiner Mutter.
In der Klinik habe ich mir vorgenommen, sie schonungslos mit den Tatsachen zu konfrontieren. Sie soll alles wissen, die wenigen Erinnerungen, die ich inzwischen habe und auch meine Diagnose. Ich will ihr sagen, dass ich nicht alles vergessen habe, und dass sie mir nicht länger weiß machen kann, nichts gemerkt zu haben.
Sie soll – sie muss – für mich aussagen. Ich will endlich Anerkennung, und ich will, dass sie mir dabei hilft. Wenigstens jetzt, wenigstens heute. Aber ich muss auch vorsichtig sein, darf sie nicht vergällen.
Ich nehme den Hörer vom Telefon. Er wiegt gefühlte drei Tonnen. Mein Herz rast, meine Hände sind feucht. Ich habe Angst. Ganz ruhig jetzt, tief durchatmen. In der noch freien Hand halte ich meinen Igelball, auf dem Tisch vor mir steht mein Notfallequipment, Chilli, scharfe Bonbons, Ammoniak. Jetzt darf nichts schief gehen. Sie würde es nicht verstehen, wenn ich plötzlich mit einer Kinderstimme auf sie einplappern würde, oder sie anraunze. Sie weiß es ja nicht. Oder doch?
Ich schließe meine Augen, und versuche mich auf mein Innenleben zu konzentrieren
Mit einem Mal habe ich das Gefühl, als stünde ich in einer riesigen Höhle. Es ist ganz dunkel, ich kann nichts sehen, aber ich höre das Gemurmel einer großen Menschenmenge. Jede Menge Stimmen, Frauen, Männer, Kinder, wie auf einem Rummelplatz.
Du liebe Güte, was ist denn hier los? Wie viele seid ihr denn? Himmel, ich habe mit fünf oder sechs gerechnet. Na schön, darum muss ich mich später kümmern.

„Hört mir mal bitte zu. Ich muss ein wichtiges Gespräch mit unserer Mutter führen, es wäre gut wenn mir jetzt Niemand dazwischen funkt. Es geht um mein – nein, um unser – Leben."

„Lass mich das machen, du bist viel zu nervös und ängstlich!"

die Stimme einer erwachsenen Frau bricht deutlich aus dem Gemurmel hervor.

„Wer bist du?"
„Ich helfe dir, ich kann das, vertrau mir."

Für einen Moment kann ich mich des Verdachtes nicht erwehren jetzt völlig den Verstand zu verlieren.
Aber ich habe diese Stimme deutlich gehört, so, wie gestern schon, was bei genauerem Nachdenken ja auch nicht unbedingt ein gutes Zeichen sein muss.

„Na schön, dann mach, aber du weißt doch gar nicht worum es geht?!?"

Ein leises Lachen formiert sich in meinem Kopf, dann sinke ich nach hinten noch tiefer in mich hinein.
Aber diesmal ist es anders. Es wird nicht dunkel, nur irgendwie so – fern.
Es ist, als stünde ich zwei Meter neben mir um alles zu beobachten.
Aber ich sehe nicht wirklich klar, eher wie durch eine dicke Milchglasscheibe.
Bewegen kann ich mich auch nicht mehr, ich bin nicht mehr Herr meines Körpers.
Ich höre mich reden, und doch hab ich nichts gesagt.
Sie redet mit meiner Mutter, und – sie macht es richtig gut.
Sie sagt genau das, was sie haben will, aber sie kränkt Mutter nicht, macht ihr keine Vorwürfe, baut ihr Brücken. Sie ist genial, und völlig angstfrei.
So langsam dämmert es mir. Es ist wohl ihr Job so was zu tun.
Ich komme langsam wieder zu mir. Das Telefon gleitet mir aus der Hand.
Ich bin ziemlich erschöpft. Noch einmal versuche ich mich nach innen zu wenden.
„Danke!",
murmel ich müde in die Höhle, dann schlafe ich auf dem Schreibtischstuhl für einige Minuten ein.

30. August
16.50 h
Heute geht's mir gar nicht gut. Es ist so schlimm, dass ich noch nicht einmal richtig schreiben kann.
Ständig verliere ich die Orientierung, und weiß jetzt schon nicht mehr was ich vor zwei Minuten getan habe.
Judith hat mir erzählt, sie habe Kontakt zu einem nicht eben gerade freundlichen Anteil gehabt.
Offensichtlich ein absoluter Menschenhasser. Er habe sie extrem böse angeschaut, und aus seinen Augen sei ihr der blanke Hass entgegen geschlagen.
Hm, nicht so schön, das beunruhigt mich, und ich hoffe sehr, dass ich diesen Teil unter Kontrolle habe, ehe er wirklich schlimme Dinge anstellt.
Vielleicht ist es auch der Gleiche, der mir permanent einzureden versucht, dass ich mein Leben beenden soll.
Ständig höre ich diese Stimme, die mir suggeriert, dass eh alles keinen Sinn hat, und mich als Schwächling und Versager beschimpft.
Ich solle endlich abhauen, verschwinden und so was wie mich bräuchte man nicht.
Ganz offensichtlich hat dieser Teil wohl nicht ganz begriffen, dass ich unseren Körper ja mitnehmen würde.
So schlimm die Stimme und die Beschimpfungen auch sind, schlimmer empfinde ich aber die mir gleichzeitig vermittelten Gefühle.
Ich verspüre wirklich den unbändigen Drang meinem Leben ein Ende zu setzen, und es fällt mir sehr schwer dagegen anzukämpfen.
Zudem kommt dann die Angst, er könne sich unseres Körpers bemächtigen und auch gegen unseren Willen seine Wünsche in die Tat umsetzen.
Verzweifelt kämpfe ich dagegen an die Kontrolle nicht zu verlieren und mich nicht seinen Wünschen hinzugeben, aber das kostet mich eine ungeheure Kraft, und ich fühle mich schrecklich müde.
Ich wage aber auch nicht zu schlafen, eben aus Angst die Kontrolle zu verlieren.
Manchmal kommen sie auch nachts. Sie spielen, malen, oder was auch immer.
Was soll ich nur machen? Irgendwann muss ich ja mal schlafen.

Judith ist auch schon ganz erledigt. Es nimmt sie alles zu sehr mit.
Ich zerstöre alle, und alles um mich herum.
Wer weiß, vielleicht hat dieser Anteil sogar Recht. Möglicherweise wäre mein Tod ja wirklich die beste Lösung für alle Beteiligten. Aber die allermeisten von uns hängen noch am Leben, warum auch immer, denn viel Schönes hat es in unserem Leben ja wohl noch nicht gegeben.

31. August
6.33 h
Bin seit etwa zwei Stunden wach. Habe nur sehr wenig und ziemlich unruhig geschlafen.
Jemand in meinem Kopf singt. Es ist ein eigenartiges Lied. Im Grunde ist es gar kein richtiges Lied, klingt eher wie selbst gedichtet.
Es besteht lediglich aus einzelnen Worten und Satzfragmenten, die völlig wirr und zusammenhanglos aneinander gereiht sind. Einige der Worte scheinen nicht in meiner Sprache zu sein, wobei ich nicht sagen könnte wo ich jemals eine solche Sprache gehört habe. Eben alles wie selber erfunden.
Auch die Melodie, sofern man es so nennen kann, ist mir gänzlich unbekannt. Sie klingt irgendwie mystisch und geheimnisvoll. Sie macht mir Angst, ich könnte aber nicht sagen warum.
Mir läuft ein Schauer über den Rücken, zudem nervt es mich, aber ich kann es nicht abschalten. Eine Kinderstimme ist es nicht, aber ich kann auch nicht mit Bestimmtheit sagen ob sie männlich oder weiblich ist.
Ich bin müde, aber der Gesang lässt mich nicht zur Ruhe kommen. *„Kannst du nicht mal für eine Stunde die Klappe halten, bitte?“*
Ich bekomme keinen Kontakt, oder ich werde ignoriert.
Der Gesang hämmert durch meinen Schädel, immer und immer wieder die gleichen Töne und Fragmente einzelner Worte und Sätze, niemals zu Ende gesungen.
Als wäre eine Schallplatte hängen geblieben.
Ich überlege, ob ich einfach mal eine richtig starke Beruhigungstablette nehme. Ich nehme nicht gerne Benzodiazepine, aber manchmal geht’s nicht anders.
Einfach mal wieder abschalten, quasi den Stecker ziehen. Ich brauche einfach ein paar Stunden Ruhe, sonst dreh ich noch völlig durch!

15.30 h
Ich habe noch zweieinhalb Stunden geschlafen. So lange hält bei mir die Wirkung von zweieinhalb Milligramm eines der stärksten Beruhigungsmittel die es auf dem Markt gibt an. Ein halbes Milligramm für dreißig Minuten.
Ich habe zwar noch länger die Nachwirkung des Medikamentes gespürt, und bin wie betrunken herum getorkelt, schlafen ging aber nicht mehr.
Habe den Fischteich gereinigt, die Pumpe, den Oberflächensauger und was alles dazu gehört.
Ob die Kinder darin ertrinken könnten?
Mein Körper ist größer als der Teich tief, ich kann also stehen, aber Kinder reagieren oft paradox. Sie sind schockiert, oder können nicht schwimmen.
Ach, quatsch, ehe sich meine Anteile gemeldet haben, bin ich auch nicht darin ertrunken. Man darf sich da auch nicht so hineinsteigern.
Das Singen hat aufgehört, beschimpft werde ich aber immer noch.
So langsam wüsste ich nun wirklich gerne, mit wem ich es da alles zu tun habe.
Fünf haben sich ja bereits in der Klinik gezeigt. Ein Neuer gestern bei Judith, also sechs bisher.
Was war mit der Frau, die mit Mutter telefoniert hat? Ist das die gleiche wie gestern, die mich als Hemmschuh sieht? Nein, das war wohl ein Mann. Oder doch nicht? Vielleicht auch ein komplett anderer Teil.
Es ist alles noch so verworren, ich hoffe sehr, dass es mir möglichst bald gelingt, etwas Licht ins Dunkel zu bringen.
Was ist mit dem Sänger? Oder war das die Frau, die auch telefoniert hat? Und der Ankläger, der mich ständig beschimpft, wer oder was ist das?
Wie viele seid ihr? Wer seid ihr? Ihr wolltet Anerkennung, okay, aber dazu brauche ich eure Hilfe. Niemand von uns schafft es allein. Wir sitzen alle im gleichen Boot, also wenn ihr wollt, dass es uns besser geht, müssen wir zusammen arbeiten.

01. September
12.15 h
Bin seid etwa halb sieben wach. Gestern Abend hatte ich noch ein Erlebnis der eher unangenehmen Art. Es war so gegen dreiundzwanzig Uhr dreißig, Judith war bereits zu Bett gegangen, und ich dachte mir, ich könnte ja mal wieder in meinem Internet Freundesportal nachsehen, was in den vergangenen Monaten geschehen ist.
Seit dem Überfall im März, war ich nicht mehr auf dieser Seite.
Als ich mein Profil aufgerufen habe, musste ich feststellen dass sämtliche meiner Arbeitskolleginnen mich von ihrer Freundesliste gelöscht hatten.
Auch, und gerade die, für die Judith und ich den Dienst übernommen hatten, in dem wir dann überfallen wurden.
Eine davon war sogar unsere Trauzeugin.
Es war schon bitter genug für uns, dass nicht eine von ihnen mal bei uns angerufen hat, um sich nach unserem Befinden zu erkundigen. Das sie alles mit lapidaren Bemerkungen vom Tisch gewischt haben, nach dem Motto – ist ja nichts passiert.
Nein, sie haben uns **nur** zusammen geschlagen, uns **nur** eine Waffe an den Kopf gehalten und uns **nur** gedroht uns zu töten, sie haben **nur einmal** geschossen, aber sonst ist nichts passiert.
Und, es war ja auch **nur** ein Streifschuss.
Vermutlich wäre ihnen ein Bauchschuss lieber gewesen. Dann hätten sie alle schreiend und lamentierend in der Gegend herum laufen können:
„Oh je, wie schrecklich …, ich kenne jemanden, dem ist …, passiert!"
Um dieses ´Vergnügen´ haben wir sie betrogen, und einen Schuss in die Seele, den sieht man eben nicht, er blutet nicht, ist nicht unmittelbar lebensgefährlich. Ist er darum keine Verletzung? Doch, aber mit so einer ‚Kleinigkeit' kann man sich als Außenstehender leider nun einmal nicht ganz so Wichtig machen!

„Das Leben geht weiter Mädels."
„Was nicht tötet, härtet ab."

Diese und ähnlich aufbauende Kommentare durften wir uns anhören.

Auch von der Arbeitskollegin, deren Arbeitsplatz wir erhalten haben, als sie mit einem Herzinfarkt mehrere Monate ausfiel.
Wir, obwohl wir nur eine vierhundert Euro Stelle hatten und sie als Vollzeitkraft angestellt ist, haben sämtliche ihrer Dienste übernommen, damit der Chef keinen Ersatz für sie einstellt.

Mehrere hundert Überstunden haben wir angesammelt, deren Auszahlung uns nun auch noch verweigert wird, und die wir einklagen müssen, bei unserem Chef.
Einfach abgemeldet hat er uns bei der Genossenschaft, als Aushilfskraft kann er uns ja quasi auslaufen lassen, indem er uns gar nicht mehr einsetzt. Er hat sich nicht einmal die Mühe gemacht uns ein Kündigungsschreiben zukommen zu lassen.
Hm, na ja, wir waren aber auch wirklich böse. Wir haben es gewagt krank zu werden nach dem Überfall, und das, obwohl ja **nichts passiert ist.**
Vom Chef haben wir ehrlich gesagt nichts anderes erwartet, aber die Kolleginnen?
Nach alldem, was wir für sie getan haben und wie freundschaftlich wir doch miteinander verbunden waren?
Einfach von der Freundesliste gelöscht. Ohne weiteren Kommentar. Benutzt, als sie uns brauchten, und jetzt weggeworfen wie einen alten Hut. Wieder ein kleines Trauma!
Hört das niemals auf?
Als wir das gesehen haben gestern Abend, gingen die Lichter aus. Um zwei Uhr fünfundzwanzig sind wir wieder im Wohnzimmer klar geworden, und haben uns ins Bett geschlichen.

22.59 h
Der Nachmittag war einfach nur bescheiden! Es fing am Mittag an, als meine Tochter aus der Schule kam. Ich habe sie wegen ihres respektlosen Tones Judith gegenüber kritisiert, habe versucht ihr ruhig zu vermitteln, dass man sich so seinen Eltern gegenüber nicht benehmen kann. Da ist sie völlig ausgeflippt. Erst schrie sie mich furchtbar an, dann warf sie mir vor, sie nicht haben zu wollen. Sie würde eh alles falsch machen, und ich solle sie doch gleich ganz weggeben. Sie schrie, weinte, tobte. Ich wollte etwas erwidern, aber ich kam gar nicht durch.

Sie war einfach zu laut, zu stark für mich. Sie hat mich regelrecht nieder geschrien. Mit einem Mal fühlte ich mich wieder ganz klein. Für den Bruchteil einer Sekunde erschien meine schreiende Mutter vor meinen Augen, dann wurde es auch schon dunkel.
Nach Judiths Aussage war es heftig. Dabei hat sie es dann gleich mit mehreren zu tun bekommen. Alle hatten mit einem Mal was zu sagen, jeder wollte der erste sein und schob den anderen zur Seite, dabei war keiner dazu im Stande den Satz zu beenden. Der chaotische Wortsalat der dabei entstand, hat auch Judith schnell an ihre Grenzen gebracht.

„Mit sehr viel ruhigen Worten und Vanilleeis ist es dann irgendwann ganz langsam besser geworden."
„Mit Vanilleeis?"
„Ja, ich wollte dir ein Coolpack geben, aber du warst ja gar nicht dazu in der Lage irgendwas in die Hand zu nehmen, da hab ich gedacht, ich schieb dir das Eis einfach in den Mund. Hab dir immer wieder zwischendurch einen Löffel voll in den Mund geschoben."

Es muss wirklich eine ganze Weile angehalten haben, und so erschöpft wie ich mich fühle war es wohl wirklich schlimm.
Selbst jetzt noch merke ich meine Instabilität. Ich habe das Gefühl auf rohen Eiern zu balancieren. Ein kleiner Stoß in die falsche Richtung, und ich würde sofort wegbrechen.
Ich fühle eine große Angst in mir, und bin sehr weinerlich. So wirklich weg sind sie wohl noch immer nicht. Mein Kopf scheint voller verworrener Gedanken zu sein, die ich nicht richtig zuordnen kann. Mitten drin diese immer alles überlagernde Stimme meines Anklägers:

„Ich hab doch gewusst, du bist schwach. Lässt dich von deinem eigenen Kind aus der Bahn werfen. Versager, mach endlich Schluss!"

Ich brauche Ruhe, dringend, aber ich habe Angst einzuschlafen.

02. September
7.00 h
Üble Nacht, viele Träume. War um zehn nach vier das erste Mal wach, und habe eine Zigarette geraucht. Nach dem schrecklichen Traum musste ich mich irgendwie ein wenig runter fahren.
Bin dann wieder ins Bett gegangen, habe wieder geträumt. Jetzt langt's mir. Will nicht mehr schlafen, also raus aus dem Bett. Judith ist auch schon auf. Sie schläft auch nicht eben viel, aber wen wundert das. Immerhin ist sie auch überfallen worden, und dann noch den Ärger den sie mit mir hat.
Na, mal sehen, erstmal trinke ich eine Tasse Milch und sehe nach was Judith macht.

13.15 h
Heute konnte ich mal wieder raus. Wir waren einkaufen, Judith hat mich begleitet. Allein lassen sie mich nicht weg, schon gar nicht mit dem Auto. Langsam komme ich mir vor wie ein exotisches Tier, das man im Käfig hält.
Sie bemühen sich sicherlich alle um mich, versuchen es mir leichter und angenehmer zu machen.
Aber ein Käfig ist und bleibt ein Gefängnis, selbst wenn die Gitter vergoldet sind.
Zum Frischlufttanken bleibt mir ja noch unser Garten, nur auf Dauer ist das kein Zustand. Ich kann doch jetzt nicht für den Rest meines Lebens weggesperrt werden.
Ich fühle mich schon wieder so ausgeliefert, so eingeschränkt, und wieder gibt es nichts, dass ich dagegen machen kann.
Bin hilflos, wie immer!

Es ist so langweilig. Ich will was machen.
(Tagebucheintrag in Kinderschrift)
Hm, da scheint sich wohl noch jemand nicht so wohl zu fühlen.

03. September
5.10 h
Na, ist es denn nicht herrlich? Ich habe fast drei Stunden am Stück geschlafen. Juhuu!
Um halb drei bin ich zu Bett gegangen. Nun bin ich wieder wach geworden, wieder einmal mit rasenden Kopfschmerzen. Das zermürbt mich zusätzlich. Ich habe schon immer Probleme mit Kopfschmerzen gehabt, aber in den letzten Monaten sind sie kaum noch auszuhalten, und vor allem zu einem Dauerzustand geworden.
Tabletten helfen dagegen kaum bis gar nicht.
Habe gestern Abend alte Fotoalben raus gekramt, in denen Bilder aus meiner Kindheit aufbewahrt werden.

Eigentlich sind es keine ungewöhnlichen Fotos. Im Gegenteil. Ich bin auf allen Bildern sauber und adrett gekleidet. Nichts, aber auch gar nichts deutet auch nur im Entferntesten darauf hin, dass es keine ganz normale Kindheit war.
Auf einigen Fotos lache ich sogar, sehe geradezu fröhlich aus. Das kann doch alles gar nicht sein. Ich meine, das passt doch alles nicht zusammen. Möglicherweise haben die Ärzte sich ja doch geirrt.
Aber warum habe ich dann immer diese Zeitlücken? Warum benehme ich mich manchmal etwas eigenartig, mal vorsichtig formuliert?
Liebe Güte, nun geht das schon wieder los. Ich hab es, ich hab es nicht, ich hab es, hab es nicht!
Warum bekomme ich diese Zweifel nicht aus meinem Kopf? Das frisst mich noch völlig auf, als hätte ich nicht auch so schon genug Sorgen.

8.00 h
Ich lege mich noch mal ins Bett. Vorher nehme ich das alte Album mit. Ich schaue mir alle Bilder noch einmal in Ruhe ganz genau an. Versuche etwas aus ihnen herauszulesen. Welche Körperhaltung haben die Abgelichteten eingenommen? Welchen Ausdruck vermitteln sie, und vor allem, was sagen ihre Augen aus?
Ich betrachte auch die Umgebung in der die Fotos entstanden sind. Wie sahen die Räume aus? Tapeten, Bilder, Möbelstücke. Das war bei jener Oma, dieses zu Hause. Zu welcher Zeit mögen sie aufgenommen worden sein, was ist damals geschehen? Was? Erinnere Dich doch!

Aber, ich erinnere mich nicht, es ist und bleibt dunkel.
Meine Spurensuche ist vergeblich, und so lege ich das Fotoalbum zur Seite, und nach einer Weile schlafe ich noch einmal ein.

10.50 h
Ich wache auf in meinem ‚Kinderbett'. In meinen Armen halte ich Susi, einen kleinen Stoff Dackel, und den Esel, den Kerstin Laura geschenkt hat. Auf dem Kopfkissen dudelt eine Spieluhr. Vor mir kniet Judith, und füttert mich mit Nektarinen. Sie redet mit leiser sanfter Stimme auf mich ein.
Du lieber Himmel, was ist wieder passiert? Ich war ein Kind, welches auch immer.
Die Erkenntnis trifft mich wie ein Hammerschlag, mit brutaler, schonungsloser Heftigkeit, und lässt mir die Schamesröte ins Gesicht schießen.
Welchen Blödsinn mag ich wohl wieder angestellt haben?
Judith teilt mir mit, dass ich geträumt habe. Ich hätte furchtbar geschrien, aber als sie ins Zimmer kam hatte ich meine Metamorphose bereits vollzogen.
„*Laura war da*", sagt sie, und mit einem Blick auf das Album vor meinem Bett „*Du solltest dir nicht diese Bilder ansehen.*" Sie nimmt das Album vom Boden und bringt es weg.

Etwas kleinlaut und mit einem schrecklich schlechten Gewissen schleiche ich ins Bad. Wahrscheinlich hat sie Recht. Als würde ich nicht schon ohnehin genug Chaos verbreiten, da muss ich mich auch noch selbst triggern. Aber die Fotos schienen alle so harmlos, und ich habe ja nicht wirklich was darin gesehen.
Hm, Laura offenbar schon, sie wird wohl etwas erkannt oder erinnert haben.
Ich dusche und ziehe mich an, obwohl ich ziemlich erschöpft bin. Aber schlafen möchte ich nun wirklich nicht mehr. Mein Bedarf an Albträumen ist für heute mehr als gedeckt.

19.00 h

Der Tag war so wie fast jeder Tag. Ständiges rauf und runter, immer dieses Chaos in mir. Permanent die Frage, hab ich es oder nicht, und gleichzeitig das Wissen darum, dass es schon längst nicht mehr darum gehen dürfte ob ich nun betroffen bin, sondern wie ich lerne damit umzugehen.

Fällt es eigentlich allen DIS Betroffenen so schwer ihre Diagnose anzunehmen? Was ist daran so anders, als bei anderen Diagnosen? Darüber diskutiert man doch auch nicht.

‚Sie haben eine koronare Herzerkrankung!' ‚Oh, nein Herr Doktor, das kann einfach nicht sein, da müssen Sie sich irren.'

Im Grunde kann ich mir diese Frage schon ziemlich genau beantworten.

Manchmal hast du Gedanken, die du eigentlich gar nicht denken möchtest, und von denen du keine Ahnung hast wo sie herkommen. Du hörst Stimmen, die dich an deinem Verstand zweifeln lassen. Sie unterhalten sich miteinander, und schließen dich dabei nicht selten aus. Es ist, als stündest du auf einem Marktplatz. Rechts, links, neben, vor und hinter dir, überall scheinen kleinere Menschenansammlungen zu sein, die miteinander kommunizieren. Alle haben natürlich ein anderes Thema, und außer vereinzelten Worten oder halben Sätzen die du aufschnappst, kannst du keiner dieser Unterhaltung wirklich inhaltlich folgen.

Ein permanentes Geraune, das dir den Kopf dröhnen lässt. Wenn dann noch jemand von außen redet, ist das Chaos perfekt. Es bedarf einer unglaublichen Konzentration um überhaupt noch wahrzunehmen, was dir ein Gegenüber mitzuteilen versucht, weil ständig jemand dazwischen schnattert. Eine Konzentration die du im Grunde gar nicht zur Verfügung hast. Manchmal plappern sie auch einfach dazwischen, versuchen dir ihre Meinung aufzudrängen. Manchmal reden sie auch direkt mit dir, schimpfen dich aus, verurteilen, beleidigen dich. Manchmal fangen sie an zu weinen, oder sie singen unsinnige Strophen wirren Gedankengutes, immer und immer wieder von vorn, und natürlich alle, und alles gleichzeitig. Und das machen sie auch wenn sich gerade eben außen jemand mit dir unterhält. Da nehmen sie keine Rücksicht.

Du hast rasende Kopfschmerzen – jeden Tag. Alles um dich herum erscheint dir so unwirklich, als wäre die Welt nicht die Welt, und du

nicht du. In einem Moment scheint dir alles ganz klar zu sein und im nächsten weißt du nicht mehr wo du dich gerade befindest, nur um wieder einen Augenblick später festzustellen, dass du in deinem eigenen Wohnzimmer stehst.
Dann fragst du dich, wieso du das eben nicht wusstest. Laufend verschwinden Dinge von dir, und du hast keine Ahnung wo sie hingekommen sein könnten, dafür tauchen andere Sachen auf, an deren Erwerb du dich nicht erinnerst. Du stellst dir die Frage, ob du legal in ihren Besitz gelangt bist, und wann, wie und vor allem warum? Weil du sie eigentlich überhaupt nicht gebrauchen kannst.
Immer wieder wirst du damit konfrontiert, dass man dir bestimmte Dinge schon **mehrfach** berichtet hat, und du weißt es **trotzdem** immer noch nicht. Dann sind die anderen Menschen völlig angenervt.
„*Das habe ich dir doch jetzt schon x-mal gesagt.*"
Gefühle überfallen dich, für die es keine schlüssige Erklärung gibt, die aber so intensiv sind wie du sie bis dato noch niemals zu fühlen geglaubt hast.
Nicht nur einfach Angst, nein Todesangst – scheinbar völlig unbegründet. Abgrundtiefe Verzweiflung und das immer alles überlagernde Gefühl der völligen Ausweglosigkeit.
„*Es wird niemals enden, nie, nie, nie …!*"
Du empfindest Schmerzen, richtige körperliche, grauenvolle Schmerzen, aber wenn du dir die schmerzenden Stellen anschaust, bemerkst du, dass eigentlich alles in Ordnung ist.
DIS zu haben bedeutet, sich **permanent** für Dinge entschuldigen zu müssen, an die man sich **noch nicht einmal erinnern kann**. Es bedeutet sich ständig Fragen zu stellen, auf die man keine Antworten erhält.
Warum sind meine Augen jetzt braun, und im nächsten Moment grün, nur um in weiteren fünf Minuten wieder eine andere Farbe zu haben?
Warum kann ich manchmal mit links schreiben, obwohl ich Rechtshänder bin, und mit links eigentlich keinen geraden Strich auf das Papier bekomme.
Das ist doch nicht normal. Das kann doch niemand verstehen. Und dann sollst du auch noch dankbar dafür sein, dass du so bist, weil du ja sonst nicht überlebt hättest.

Na und? Dann hättest du es eben nicht überlebt! Aus heutiger Sicht der Dinge wäre es vielleicht sogar das kleinere Übel gewesen.
Was ist denn das für ein Leben?
Völlig verwirrt und orientierungslos durchs Land zu stolpern. Sich blamieren, Schmerzen und Leid ertragen, sich entschuldigen und rechtfertigen zu müssen, nichts über sich zu wissen, **niemals** wirklich Ruhe zu finden und das **Tag** und **Nacht**. 7 Tage in der Woche, 365 Tage im Jahr. Ohne Pause, ohne Urlaub, ohne Erholung.
Und du fragst dich ernsthaft, ob es das alles wirklich wert ist, dafür so hart zu kämpfen, und auch noch weiter zu leiden.
Und zu alldem kommen dann noch die Menschen, die ohnehin alles in Frage stellen. Pseudo-Fachleute, für die diese Störung ja gar nicht wirklich existiert, und die dich mit ihren Unkenrufen noch in zusätzliche Verwirrung stoßen.
Wir laden sie hiermit recht herzlich ein, einmal eine Woche unser Leben zu leben.
Danach sollen sie uns dann ins Gesicht schauen und uns noch einmal sagen, dass es die DIS nicht gibt.
Wir gehen jede Wette ein, dass sie es nicht einmal vierundzwanzig Stunden aushalten würden.
Sie, würden es wirklich nicht überleben, dazu sind sie nämlich viel zu armselig.

Jemand der noch zusätzlich auf Menschen einschlägt, die ohnehin bereits am Boden liegen, Menschen, die in ihrem Leben nichts anderes kennen gelernt haben, als geschlagen und gepeinigt zu werden, und sei es auch nur, das er dann verbal zuschlägt, ist in unseren Augen ein ganz **schwaches** Licht!

Nachdem Du Dich hier jetzt ausgetobt hast, kannste ja vielleicht mal erklären, was Dich denn von diesen Menschen unterscheidet? Du bist doch auch nicht anders, willst uns alle nicht sehen, obwohl wir Dir täglich in den Hintern treten. So lange sich das nicht ändert, hast Du hier mal gar keinen anzuklagen. (Tagebucheintrag in anderer Handschrift)

Na ja, ich habe ja nicht die DIS an sich in Frage gestellt, sondern eher die Tatsache nun selbst betroffen zu sein, aber okay. Wer bist Du denn? Möchtest Du Dich vielleicht mal vorstellen?

04. September
6.00h
Keine Antwort, prima, so etwas mag ich ja ganz besonders. Erst meckern, dass man nicht wahrgenommen wird und dann nichts mehr.
Wer auch immer das nun war, dem sei gesagt, so wird das nie was. Wenn wir uns jetzt abwechselnd ignorieren dann endet die ganze Chose wie bei den Königskindern, die konnten auch nicht zusammen finden. Also vielleicht kannst Du Dich ja doch noch mal dazu überwinden und Dich mir ein wenig näher bringen. Ich bin wirklich sehr gespannt auf Dich.

10.30h
Fein, also keine Antwort. Was mich jetzt schon wieder erneut darüber nachdenken lässt, dass ich mir doch vielleicht alles nur einbilde. Damit möchte ich wie gestern schon erwähnt nicht behaupten, dass es keine DIS gibt, sondern nur dass es **mich** eben nicht betrifft.

Etwa um die Mittagszeit finde ich folgende Eintragung in Kinderhandschrift:

Ich habe Angst.

Nun bin ich stark verunsichert. Da scheint es ein Kind zu geben, das Angst hat und Hilfe erwartet. Normalerweise würde ich diesem Kind sofort Unterstützung leisten. In diesem besonderen Fall aber, bin ich mir gar nicht so sicher ob ich mich wirklich näher damit beschäftigen möchte. Jedenfalls im Augenblick noch nicht. Was ist, wenn sie/er mir Näheres zu den Umständen ihrer/seiner Angst berichtet. Ich bin mir nicht sicher, ob ich das im Moment ertragen könnte. Also beschließe ich das Kind zu vertrösten.

Es fällt mir schwer die richtigen Worte zu finden, aber dann schreibe ich:

Hallo Kleines. Schön, dass Du Dich bei mir meldest. Es macht mich traurig, dass es Dir nicht gut geht, weil ich Dir im Moment gar nicht wirklich helfen kann. Vielleicht gibt es ja einen anderen Großen, dem Du Deinen Kummer mitteilen kannst, und der Dich tröstet und sich ein wenig um Dich kümmert. Später darfst Du mir dann auch davon erzählen, das verspreche ich Dir. Im Moment solltest Du nur wissen, dass es keinen Grund mehr gibt Angst zu haben. Du bist jetzt in Sicherheit, es kann Dir nichts mehr geschehen. *
Möchtest Du mir so lange vielleicht etwas mehr von Dir sagen? Deinen Namen, und wie alt Du bist? Bist Du vielleicht Laura? Ich würde mich sehr darüber freuen mehr von Dir zu erfahren.

06. September
16.15h
Wieder einmal keine Antwort. Langsam verzweifele ich. Was mache ich denn falsch? Vielleicht ist sie/er jetzt gekränkt weil ich nichts von ihrem/seinem Elend wissen wollte.

Oder, es gibt sie eben doch alle nicht, und ich spinne mir was zusammen. Und die unterschiedlichen Schriften?
Hm, vielleicht doch was Schizophrenes? Hat man mir ja auch alles schon diagnostiziert.
Man hat mir schon so Einiges angedichtet in den vergangenen Jahren.
Die Liste meiner mir gestellten Diagnosen ist inzwischen so lang wie eine Rolle Toilettenpapier, da ist die DIS nur eine davon.
Wer sagt mir denn, dass sich die Ärzte damals geirrt haben, und nicht heute? Vielleicht liegen sie ja heute falsch.
Vielleicht waren ja die ursprünglich gestellten Diagnosen die richtigen.
Wie soll man sich denn sicher sein, wenn es nicht einmal die Ärzte sind?

*Als ich das damals schrieb, war ich noch fest davon überzeugt. Inzwischen weiß ich, dass wir noch lange nicht in Sicherheit sind

Judith war heute mit dem Auto unterwegs. Sie wollte, weil es so schönes Wetter war, noch einmal mit ihrem Cabrio fahren.
Als sie zurück kam sagte sie mir, dass man die beiden Täter, die uns überfallen haben angeblich gefasst hat.
Ich sollte mich freuen, aber plötzlich ist da wieder dieses Etwas in mir das nur Wut fühlen kann. Rasende Wut. Ich wüsste zu gerne wer es war, aber leider hat Judith die Namen vergessen. Es sollen aber Kunden gewesen sein.
Oh, mein Gott, denen haben wir wahrscheinlich vorher noch Kaffee und Kuchen serviert.
Ich könnte brechen.
Ich bin so wütend, so schrecklich sauer, das glaubt man gar nicht. In mir macht sich der unbändige Wille breit alles kurz und klein zu schlagen. Der Wunsch lässt sich nur schwer unterdrücken. Mir wird schwindelig.

WUT WUT WUT Diese Eintragung ist in riesigen Lettern quer über die halbe Seite des Tagebuches verteilt, zusätzlich mit anderen Schmierereien

19.30 h
Puh, was war das denn? Da war aber mal jemand richtig sauer! Zum Glück hat er sich nur im Tagebuch ausgetobt!
Wir waren eben mit den Hunden spazieren. Das hat mir richtig gut getan. Judith und ich sind mit ihnen in den Ort gegangen und haben dort ein Eis gegessen. Natürlich bekamen unsere beiden Süßen auch jeweils eine Kugel Vanille zum schlecken. Sie lieben Eis.
Es war sehr schön, aber nun bin ich doch ziemlich erschöpft.
Gestern Abend war ich auch ziemlich müde und wollte auch eigentlich schon um zweiundzwanzig Uhr schlafen gehen. Einen Song wollte ich mir noch im Internet anhören, den ich besonders mag. Ich hab ihn aufgerufen, aber plötzlich lief da etwas ganz anderes. Ein Infofilm darüber wie man Figuren in Origami erstellt. Sie zeigten gerade wie man einen Drachen bastelt. Hatte ich mich verklickt?
Ich war doch erst einmal etwas überrascht, eigentlich hatte ich den Song aufgerufen. Dann bemerkte ich dass dieser Film bereits seit zwölf Minuten lief. Ich schaue auf die Uhr, und falle fast vom Stuhl. Fünf Minuten nach halb drei!
Was? Vor einer Minute war es doch erst zweiundzwanzig Uhr. Ich rase ins Wohnzimmer, in die Küche, krame mein Handy hervor, kontrolliere sämtliche Uhren. Es ist definitiv schon so spät!
Wo zum Teufel ist die Zeit geblieben? Warum schaue ich mir einen Film über Origami an?
Das interessiert mich überhaupt nicht!
Judith hat mich ein wenig sparsam angeschaut, als ich gegen viertel vor drei ins Bett gekrochen bin, sie hat aber zum Glück keine Fragen gestellt.

07. September
Das erste Mal war ich um kurz nach vier wach. Nachdem ich eine halbe Stunde von innerer Unruhe durch's Haus getrieben wurde, konnte ich mich soweit beruhigen, dass ich mich noch einmal hingelegt habe. Um sieben Uhr bin ich dann aufgestanden.
Das Chaos hat noch keinen Deut nachgelassen. In meinem Kopf scheint jemand Billard zu spielen.
Gedanken purzeln völlig unstrukturiert und ohne jeglichen Zusammenhang hin und her.

Es scheint kein klarer Gedanke möglich. Dazu kommen wie immer diese rasenden Kopfschmerzen.

Wir haben echt mal die Schnauze voll jetzt. So geht es nicht mehr weiter. Wenn da jetzt nicht bald was passiert, dann kann ich da für nichts mehr garantieren. (Tagebucheintrag in anderer Handschrift)

21.29 h
Gut, so viel zu dem Thema . Liebe Güte, was soll ich nur tun? Ich bin so ratlos. Was mache ich denn falsch?
Auf Nachfragen meldet sich keiner, aber wenn ich dann schon wieder ins zweifeln komme, werde ich beschimpft.
Und immer diese Stimme, die mir einzureden versucht, dass ich schlecht bin und Strafe verdiene. Ich soll nichts sagen, um Himmels Willen, ich wüsste schon was dann wäre.
Aber ich habe keine Ahnung was dann sein soll. Und was soll ich schon groß erzählen, ich weiß ja selber nichts.
Die ständigen Bedrohungen machen mich ganz konfus, und dann gelingt mir noch weniger. Ich muss dagegen ankämpfen, aber es ist so unglaublich schwer, ich schaffe es nicht, schaffe es einfach nicht!

08. September
06.30 h
Habe sehr unruhig geschlafen.
Gestern Abend hat mich Judith etwas verwirrt am Schreibtisch vorgefunden, warum auch immer, das weiß ich nicht.
Ich kann mich noch erinnern dass ich furchtbar gekränkt und wütend war, der Rest liegt wieder einmal im Dunklen.
Möglicherweise könnte ja das Tagebuch einen gewissen Aufschluss geben, aber ich wage nicht nachzulesen, was und ob überhaupt etwas vorgefallen ist, dass es wert war notiert zu werden.
Beim Schreiben spüre ich noch Krakeleien, die sich von der vorigen Seite durchdrücken, und meine Angst aufs Neue belastet zu werden, hindert mich am zurückblättern.

Im Augenblick bin ich ganz ruhig, was sicherlich auch bedingt durch meine totale Erschöpfung ist. Ich fühle mich sehr müde, ausgebrannt, und leer, gäbe es da nicht dieses Gebrumme in meinem Kopf.
Dieser ‚Rummelplatz' der niemals zur Ruhe zu kommen scheint. Ich bemühe mich, ihn nicht mehr wahr zu nehmen, versuche mich auf Außen zu konzentrieren. Es gelingt mir nur sehr unzureichend. Ich sitze im Garten. Es regnet und es ist kalt, aber die frische Luft tut mir gut. Ich betrachte die Büsche und Bäume um mich herum, den Fischteich, den Pavillon. Ich sauge die Einzelheiten in mich auf, um mir wieder einmal klar zu machen, dass das jetzt hier und wahr ist. Heute, 08. September 2010, es wird langsam Herbst. Ich bin groß, erwachsen, alles ist in Ordnung. Das, ist die Realität!

Ich werde noch eine Zigarette rauchen und dann noch einmal versuchen zu schlafen. Ich bin wirklich sehr müde.

16.30 h
Judith ist zu meinem Arzt gefahren um einen Überweisungsschein und den Klinkbericht für die Therapeutin zu holen. Ich wollte den Bericht lesen, aber sie hat ihn mir nicht gezeigt. Zu viele Trigger meinte sie. Etwas in mir hatte wieder die leise Hoffnung, doch etwas Anderes in dem Bericht vorzufinden als mir die Ärztin gesagt hat. Vielleicht haben sie ja so was wie ‚hat sich doch alles nur eingebildet' geschrieben. Ich habe Judith direkt gefragt.

„Nein, Du hast Dir nichts eingebildet. Es steht alles genauso darin wie es Dir mitgeteilt wurde, nur eben alles mit Details gespickt, an die Du Dich schon gar nicht mehr erinnerst. Und das ist auch gut so. Also lies es besser nicht, glaube mir, das verträgst Du nicht. Es ist keine Rede von Einbildung, im Gegenteil, Du bist schon während des Aufnahmegespräches mehrfach kurz ‚dissoziiert'.
„Wirklich? Daran kann ich mich gar nicht erinnern!"
„Das wundert Dich doch aber jetzt nicht wirklich oder?"

Hm, inzwischen wundere ich mich über fast gar nichts mehr. Alles scheint möglich, nichts undenkbar.

Also, nun habe ich es sogar schriftlich. Aufgeschrieben und festgestellt von Fachleuten, Traumatologen. So langsam sollte ich es doch wirklich mal glauben können.
Liebe Güte, man muss sich doch nur mal meine Tagebücher ansehen. Etliche unterschiedliche Handschriften, aber niemand außer mir hat diese Bücher je in die Finger bekommen. Ich trage sie immer bei mir, selbst wenn ich raus gehe, sind sie immer in meiner Tasche. Also wer, außer mir selber sollte da hineingeschrieben haben?
Nein, ich will darüber jetzt nicht nachdenken, Mir ist kalt, ich glaube ich lege mich noch mal hin.

18.15 h
Habe ein wenig gelesen. Viel geht leider nicht, dazu reicht meine Konzentration nicht aus. So wie jetzt beispielsweise. Weiß grad nicht was ich eigentlich aufschreiben wollte. Unglaublich, nun überlege ich schon seit geschlagenen fünf Minuten, aber es ist einfach weg.
Vielleicht fällt es mir ja später wieder ein, oder morgen – oder nie!

09. September
11.10 h
Bin seit fünf Uhr wach. Habe mich aber nach einer Weile des umtriebigen Herumlaufens noch einmal ins Bett gelegt, und bin auch wieder eingeschlafen.
Judith kam und fragte, ob ich gerne ein Rührei möchte. Ich wollte, und sie ging in die Küche um es zuzubereiten. Ich bin dann aufgestanden, und dann …? Keine Ahnung, jedenfalls fand ich mich eine Weile später fertig geduscht und angezogen am Tisch sitzend und Rührei essend wieder. Habe ich geduscht? Meine Haare sind nass, also ja, ich werde ich wohl geduscht sein, und angezogen auch, aber was für Sachen. Liebe Güte, nachher erstmal umziehen.
Ich schaue mich etwas gehetzt um. Hat jemand was bemerkt? Niemand sagt etwas. Puh, hab wohl diesmal Glück gehabt, oder?

12.15h
Ich bin im Arbeitszimmer und schaue meine Mails durch. Eine neue Nachricht teilt mir mit, dass ich in dem Club angenommen wurde, für

den ich mich beworben habe. Wie bitte? Ich habe mich nirgends beworben. Ich beklage mich lauthals bei meiner Frau darüber.
Meine gute Judith schaut mich zweifelnd an. Fein, also ich habe mich wohl doch beworben, aber wann kann ich nicht sagen und schon gar nicht warum.
Ich will da gar nicht Mitglied sein. ***Ich*** nicht! Zum ersten Mal muss ich über diese Situation lachen. Lieber Himmel, was werde ich wohl noch alles anstellen und keine Ahnung davon haben?
Ich suche noch eine Weile nach einem Zipfel Erinnerung, aber dann gebe ich frustriert auf. Im Grunde weiß ich ganz genau. ***Ich*** werde mich nicht erinnern, und wer auch immer die Mitgliedschaft dort angestrebt hat, wird schon seine Gründe haben. Meinetwegen, es ist ja kostenlos, also wenn es ihn denn glücklich macht.

10. September
16.16 h
Das erste Mal war ich wieder um drei Uhr wach. Das scheint sich jetzt auf diese Zeit einzupendeln.
Später habe ich dann aber noch ein wenig geschlafen.
Aber so richtig klar, bin ich heute nicht. Den ganzen Tag schon geht ein eigenartiges Kribbeln durch meinen Körper, und mir ist furchtbar kalt. Ich habe wieder …
An dieser Stelle bricht der Text ab, stattdessen erscheint folgender Eintrag in Kinderschrift:

Ich bin Marie. Ich bin 13 Jahre alt. Ich habe Angst, weil die Menschen alle so böse sind. Manchmal versprechen sie so viele Sachen, und dann halten sie sich aber gar nicht dran. Sie sagen dass sie helfen, aber dann bist Du doch ganz alleine. Manchmal glauben sie auch gar nicht was man sagt. Sie sagen dann, dass man nur lügt oder nur geträumt hat. Dann muss man auch den Mund halten, weil man Ärger kriegt, wenn man erzählt was man geträumt hat.

Ich glaube es ist unnötig zu erwähnen dass es mir im Augenblick nicht so gut geht. Judith meinte, ich solle mich hinlegen, ein wenig ausruhen, aber ich glaube nicht, dass es mir jetzt ausgerechnet im Bett besser gehen wird. Zwar bin ich wieder relativ klar, aber Marie ist ganz offen-

sichtlich noch hinter der Szene aktiv. Ich fühle mich immer noch weinerlich und empfinde durchweg eine latente Angst.
Ja, Angst, das Monster, das alles verschlingt, immer hungrig, ständig auf der Suche nach neuer Nahrung.
Bei mir kann es sich so richtig satt essen.
Mein Kopf ist wieder voller wirrer Gedanken, die ich nicht sortieren kann, und von denen ich nicht genau weiß, wer sie nun eigentlich gerade denkt.
Zusammenhangloses Zeug, alles geht wirr durcheinander und erneut breitet sich das Chaos aus.
Ich habe große Mühe mich zu konzentrieren, diese wenigen Sätze zu schreiben dauerte etwa eine halbe Stunde.
Manchmal breche ich mitten im Satz ab, ´gehe weg´ und wenn ich wieder klar sehe, muss ich erst nachlesen um den Anschluss zu finden.
Schon wieder, liebe Güte, vielleicht sollte ich das Schreiben im Augenblick besser einstellen. Das könnte sonst eine Abendaufgabe werden. Es ist jetzt achtzehn Uhr dreißig. Beinahe eine Stunde für eineinhalb DIN A 5 Seiten. Das ist entschieden zu lang.

11. September
00.11 h
Kann nicht schlafen. Noch immer fällt es mir schwer einen klaren Gedanken zu fassen, weil ich so durcheinander bin, dabei würde ich so gerne aufschreiben, was in meinem Kopf vorgeht.
Es fällt mir schwer, einen Anfang zu finden, oder nein, anders, ich finde tausend Anfänge und kann mich für keinen entscheiden. Tausend Gedanken, alle wichtig, jeder scheint der unbedingten sofortigen Klärung zu bedürfen. Jeder will der erste sein um den man sich kümmert, niemand möchte warten, alle halten sich und ihr Thema für das wichtigste. Ich bin völlig überfordert.
Jeder Satz den ich schreibe dauert mehrere Minuten. Ich mag nicht mehr, aber da ist dieser Drang. Ich muss einfach schreiben, habe das Gefühl sonst zu zerplatzen. Nur wo fange ich an, wo nur?
Tausend Knäuel Wolle, völlig verheddert, alle die gleiche Farbe. Wo beginnt man sie zu entwirren? Wo nur, wo, wo, wo, wo, wo?

(Gekritzel unter dem letzten Eintrag, danach in anderer Handschrift)
Mach mal Pause, geh ins Irrenhaus, Verrückte. Da muss man mit System ran gehen. So, wird das nie was!

Na prima, dann verrate mir doch bitteschön auch gleich mal wie? Klugscheißern kann ich nämlich auch alleine.
Was für ein Quark. Ich bin ihr, ihr seid ich, wir sind alle eines.
Ich diskutiere hier mit mir selber. Wie verrückt kann man noch sein?
Nein, verdammt noch mal, das will ich nicht. Ich muss mich jetzt einfach mal ein wenig zusammen nehmen. Das hat schon meine Mutter immer gesagt.

„Jetzt reiß Dich mal ein bisschen am Riemen, und stell Dich nicht immer so an. Soooo schlimm ist das alles gar nicht.“

Morgen, morgen wenn ich ausgeruht bin.

Ab morgen gibt es nur noch mich. Ich bin alles. Ich bin ich!

09.45 h
Um zwanzig nach eins den Stift hingelegt. Um viertel vor vier das erste Mal wach. Um sechs Uhr fünfundzwanzig das zweite Mal. Von ausgeruhter Nacht kann keine Rede sein. Meine Kopfschmerzen scheinen heute unbedingt den ersten Preis beim Migränewettbewerb gewinnen zu wollen. Am liebsten würde ich nur noch schlafen, um von dem ganzen Elend nichts mehr mitzubekommen, aber dann denke ich wieder, warum eigentlich? Im Schlaf scheine ich mich auch nicht wirklich wohler zu fühlen.
Ich schlafe sehr unruhig, träume viel und wirklich schlimme Dinge. Selbst wenn ich mich nicht an das Geträumte erinnere, so weiß ich doch nachher, dass es richtig übel war.
Es ist egal, ob Tag oder Nacht, ich fühle mich nicht wohl, bin erschöpft, gerädert. Jede Kleinigkeit bedeutet eine ungeheure Anstrengung und wird mir schnell zuviel.
Selbst die Anwesenheit sonst so geliebter Menschen ist mir manchmal einfach unerträglich. Ich bin auf der Suche nach der ultimativen Ruhe, aber die scheint es nicht für mich zu geben.

Selbst wenn ich allein bin, habe ich noch immer diese tausenden und abertausenden Gedanken und Stimmen im Kopf.
Niemals endenwollendes Geschnatter, dem ich inhaltlich nicht folgen kann, und inzwischen auch nicht mehr will. Es interessiert mich ehrlich gesagt auch nicht die Bohne, was die alles zu bekakeln haben, die sollen sich aus meinem Leben raushalten. Ich bin früher auch sehr gut ohne sie klar gekommen.

„Nein, bist Du nicht!"
„Ach, halt's Maul, verzieh Dich!"
„Man bist Du ein noob, ein echter Vollpfosten, und so was soll uns nun vertreten. Das kann ja nur schief gehen."
„Du sollst die Klappe halten hab ich gesagt, lalalalalalalala."

Ich singe laut vor mich hin, in der Hoffnung die Stimme in meinem Kopf zu übertrumpfen.
Ich will das nicht mehr.
Heute wollte ich mich zusammen nehmen. Mir selber beweisen, dass man sich einfach nur auf die Tatsachen besinnen muss, sich die Realität vor Augen führen muss um – ich habe schon wieder den Faden verloren, weil die dumme Nuss einfach weiter auf mich einquasselt, und es mir nicht wirklich gelingt sie zu ignorieren. Keine Ahnung wie der Satz eben enden sollte.
Ich könnte so heulen.
Ich versuche es doch nun wirklich immer und immer wieder, aber es ist einfach zwecklos.
Ständig vergesse ich wieder, schweife ab, verliere mich im Nichts.
Dann tauche ich auf aus einer Wand von Nebel und Dunkelheit, und wieder ist mir Zeit gestohlen worden, und ich fange an, mich für dieses Unvermögen zu hassen.
Liebe Güte, wir schreiben das Jahr 2010. Ich bin vierundvierzig, beinahe fünfundvierzig Jahre alt. Es gibt einfach keinen Grund für mich jetzt, heute, in solche Zustände zu fliehen.
Man muss doch den alten Käse auch irgendwann mal abhaken können. Muss vergessen können was da war, sofern denn überhaupt etwas war, dass dieses Verhalten rechtfertigen würde, denn viel weiß ich ja im Grunde noch immer nicht.

Im Grunde weiß ich von nichts. Und wegen dieses 'Nichts' bricht mein Leben auseinander.
Das kann, das will ich nicht hinnehmen.
Ich bin erwachsen, und sollte dazu im Stande sein, mich auch so zu verhalten. Alles andere ist absolut inakzeptabel!

12. September
10.40 h
Der gestrige Nachmittag verlief relativ ereignislos. Von Kleinigkeiten will ich hier gar nicht mehr reden, sie sind inzwischen so selbstverständlich, dass sie das Papier nicht wert sind auf dem sie notiert würden.
Habe meine Kinder gestern beim Malen fotografiert.
Als ich mir die Fotos anschauen wollte, fiel mir ein Bild auf, das mich sehr erschreckt hat.
Ich selbst war darauf abgelichtet, mit ziemlich verängstigtem Gesichtsaudruck. An die Aufnahme dieses Fotos konnte ich mich gar nicht erinnern, und so habe ich Judith gefragt. Sie druckste erst ein wenig herum, doch dann sagte sie mir:

„Das ist kein Foto, das ist ein Videomitschnitt den ich von Marie gemacht habe."
„Was? Wie? Welche Marie? Verstehe ich jetzt nicht. Das bin ich doch da auf dem Bild."
„Willst Du den Film sehen?" Sie schaut mich etwas unschlüssig an.
„Ja, zeig mal her."

Wir sehen uns gemeinsam den Film an, und mein Entsetzen erreicht Ausmaße, von denen ich bisher nicht geglaubt habe, dass sie möglich sind.
Ich sehe eine Frau auf dem Film, die genauso aussieht wie ich, und dennoch ist sie völlig anders. Ihre Augen sind riesig, und vor Panik weit aufgerissen. Damit blickt sie sich Hilfe suchend und völlig orientierungslos im Zimmer um, als wäre sie noch niemals dort gewesen, dabei sitzt sie in ihrem eigenen Arbeitszimmer. Sie zittert am ganzen Körper, sie weint, nein, sie wimmert förmlich, ihre Verzweiflung ist selbst durch den Film noch deutlich, beinahe körperlich spürbar, und dann macht

sie den Mund auf und redet. Ihre Stimme ist auch nicht dieselbe. Sie redet viel heller als gewöhnlich. Alles in allem erinnert sie an ein kleines Mädchen. Der ganze Ausdruck, Gestik, Mimik, einfach alles.
Das bin nicht ich, das nicht!
Ich kann mir den Film nicht zu Ende anschauen. Zu groß ist mein Entsetzen. Das andere Menschen mich in einem solchen Zustand sehen, selbst wenn es nur meine Frau ist, lässt mich vor Scham im Erdboden versinken.
Gleichzeitig erschreckt mich aber auch die unglaubliche Not, die ich in diesem Gesicht gelesen habe. Diese tiefe Verzweiflung, Angst, Ausweglosigkeit.
Ich zittere am ganzen Körper.

„Glaubst Du es jetzt?"

Judith schaut mich fragend an, aber ich habe keine Antwort für sie. Nicht heute, nicht jetzt.
Das muss ich erstmal verdauen!

15.00 h
Es ist mir ganz gut gelungen mich abzulenken.
Jetzt sitze ich hier im Garten und das Video rückt wieder in mein Bewusstsein.
Es war nicht schön, nein alles andere als das, aber vielleicht hilft es mir auch nun endlich anzuerkennen, dass es da doch mehr gibt, als ich es wahrhaben möchte.
Ich höre sie reden, ich lese sie in meinen Tagebüchern, Außenstehende berichten mir darüber, und dennoch habe ich sie immer wieder ignoriert, mir immer wieder aufs neue einzureden versucht, dass das alles nur Spinnerei ist.
Doch bei nüchterner Betrachtung muss man feststellen, ich habe eine Menge zu sagen, dafür dass ja nichts ist.
Nur weil ich mich nicht erinnere, bedeutet es ja nicht, dass nichts war.
Ich vergesse ja oft und viel.
Ich fange an mich zu fragen, ob dass der ganz normale Prozess ist, den man durchlaufen muss um anzuerkennen.
Weil nicht sein kann, was nicht sein darf.

Nein, so was darf nicht sein, und dennoch gibt es diese schrecklichen Dinge.
Dennoch müssen Kinder auf der ganzen Erde grauenhafte Qualen erleiden, jeden Tag und jede Nacht, und ihre Körper werden gepeinigt und verletzt, ihre Seelen zertrümmert, **zersplittert,** und anschließend werden sie dann einfach weggeworfen.
Zurück bleibt ein Mensch wie ich, nur zum Teil erwachsen und obwohl nicht dumm, oft nicht dazu in der Lage sein Leben zu meistern.
Die Wunden am Körper heilen, die Narben verblassen, und nach einigen Jahren ist oftmals nichts oder nur noch wenig zu sehen.
Aber die Seele heilt nicht, sie vergisst nicht, sie weint und leidet, aber sie versteht nicht, noch immer nicht. So vieles gibt es, dass sie einfach nicht ertragen, nicht aushalten kann, weil sie niemals gelernt hat damit umzugehen. Aufgaben, Anforderungen, die sie nicht erträgt, mit denen sie sich überfordert fühlt. Träume und Erinnerungen, unangenehme Erlebnisse, es gibt immer einen Grund. Und dann macht sie dass, was sie am besten kann. Sie schiebt es einfach an die Seite, es ist ja **nur ein Traum**, oder das bin doch **gar nicht ich**, dafür bin **ich nicht zuständig**, und plötzlich ist da wieder jemand Neues, dem sie diese Aufgabe in die Hand drückt.
Und dieser Teil verschwindet damit in den Untiefen des Gemütes, und alles scheint vergessen und wieder in Ordnung, und es werden immer mehr, und mehr, und mehr.
Und während wir versuchen die einzelnen Teile des Puzzles wieder zu einem Bild zusammen zu fügen und jeden Tag aufs Neue darum kämpfen ein ganz normales Leben zu führen, sitzen unsere Peiniger und Verursacher dieses Dramas in warmen bequemen Sesseln, und lassen es sich gut gehen.
Alles 'anständige' hoch angesehene Bürger, treue Ehemänner oder Frauen, und 'gute' Familienväter oder Mütter, und wir wissen genau, dass uns niemals jemand glauben würde, wenn wir erzählten, was sie **wirklich** sind.
Wir sind nicht hoch angesehen, wir sind ja nur verrückt, und wer glaubt schon einer Verrückten.

Ich sollte jetzt traurig sein, aber ich fühle mich nur taub.

Und dann überfällt mich ganz plötzlich eine Erinnerung wie ein Faustschlag.
In meinem Kopf läuft ein Film ab, und es ist alles andere als eine Komödie!

Achtung: Starke Trigger. Betroffene sollten den nächsten Abschnitt bis zum Ende der Triggerwarnung nur bei ausreichender Stabilität lesen

Ein kleines Mädchen sitzt in einem Wohnraum. Sie ist etwa vier Jahre alt. Goldblonde Locken umrahmen ihre kleinen Pausbäckchen. In ihrem Arm hält sie einen kleinen Stoffdackel. Susi ist ihr ein und alles. Sie ist immer bei ihr, was auch gerade geschieht. Sie drückt den Dackel fest an sich, redet mit ihm, wie so oft – er hört ihr wenigstens zu.
Kurze Zeit später, betritt ein Mann den Raum: „Na, träumst du schon wieder? Kein Wunder, wenn man sich den ganzen Tag nur mit solchen Stoffviechern unterhält. Das hört mir jetzt mal auf, los gib her."
Er reißt ihr den Hund weg und geht damit zum Kohleofen. Dann öffnet er die Ofenklappe um den Hund hineinzuwerfen. „Weg jetzt mit dem Vieh!"
„Nein bitte, nicht die Susi da rein werfen, bitte, bitte nicht, ich bin auch lieb und mach auch alles was du sagst, aber bitte nicht die Susi verbrennen."
„Alles was ich sage machst du? Na da bin ich ja mal gespannt. Dann hol mir doch mal eine Kohle aus dem Feuer, aber ohne die Schüppe. Na los mach schon, sonst schmeiß ich den Stoffköter da rein."
Die Kleine steht auf und geht langsam zum Ofen. Die Ofenklappe ist noch immer geöffnet, eine ungeheure Hitze schlägt ihr entgegen. Sie hat furchtbare Angst. Langsam streckt sie ihre kleine Hand aus, aber die Hitze ist so gewaltig, dass es ihr den Atem verschlägt. „Was ist denn nun? Dachte ich es mir doch, na schön, wer nicht hören will, muss fühlen, bist ***selber Schuld*** *wenn du nicht machst was man sagt."*
„Nein, ich mach ja."
Sie hat panische Angst vor den glühenden Kohlen, aber die Angst Susi zu verlieren, ist noch viel größer. Susi ist doch die Einzige, die sie hat, die Einzige, mit der sie reden kann und die immer zuhört. Sie muss Susi wiederhaben, egal zu welchem Preis. Ein letzter Blick in die Augen des Mannes verrät ihr, dass er es wirklich ernst meint.. Beherzt greift sie in den Ofen, und nimmt die glühende Kohle in die Hand. Ein ganz kurzer rasender Schmerz, aber dann ist schon der Feuerdrache

da.. Er schiebt sie zur Seite. Sie steht neben ihm und sieht wie er die Kohle aus dem Feuer holt, und in den Kohleeimer wirft. Schmerzen hat sie keine mehr, der Feuerdrache macht das ja nun, er ist Feuer gewöhnt, ihm macht das gar nichts aus.
Der Mann schaut ohne jegliches Mitleid auf ihre verbrannte Hand. Dann grinst er sie hämisch an. „Pfft, ***selbst schuld,*** *wenn du da* ***freiwillig*** *rein greifst. Wie kann man nur so blöd sein, für so einen dummen Stoffköter …na ja,* ***selbst schuld****, brauchst gar nicht jammern, da haste ihn wieder.“*
Sie jammert nicht, es tut nicht weh. Der Feuerdrache hat ja die Kohle aus dem Ofen geholt. Sie ist einfach nur überglücklich und drückt Susi ganz fest an sich. Neben ihr steht immer noch der Feuerdrache. Er wird so lange bei ihr bleiben, bis die Hand nicht mehr weh tut. So, wie er immer kommt, und bei ihr ist, wenn es irgendwo heiß wird.
Auch später wenn sie groß ist. Wenn sie viel zu heiß badet, oder ihr beim braten von Fleisch heißes Fett auf die Hände spritzt. Sie wird heiße Tassen anfassen können, gerade eben gekochte Eier in ihren Händen halten und mit kochend heißem Wasser Geschirr abwaschen, dass sich jeder andere nur wundert. Mit bloßen Händen in ihrem Kaminofen die Holzscheite gerade rücken und neues Holz nachlegen, dass ihre Tochter neben ihr schreit: „ Mama, was machst du denn da? Nimm bitte die Hände aus dem Feuer, du brennst ja gleich!“ Es wird ihr nicht weh tun, weil sie den Feuerdrachen hat. Sie wird erst wahrnehmen dass sie sich ***mal wieder*** *verbrannt hat, wenn sie die Blasen an den Händen sieht.*
Trotzdem wird sie immer Angst haben, vor Feuer und allem was irgendwie glüht. Aber sie wird für eine sehr lange Zeit nicht mehr wissen, warum das alles so ist. Später, sehr viel später wird sie erfahren, dass es auch noch sehr viel schlimmere Gründe gibt, aus denen sie solche Angst vor Feuer hat. Aber jetzt im Augenblick weiß sie das alles noch nicht.

Ich zittere am ganzen Körper. Meine Hand brennt, es tut unglaublich weh, und ich kann die Tränen nicht zurück halten. Ich laufe zum Wasserhahn, und versuche sie mit kaltem Wasser zu kühlen, obwohl da nichts ist. Meine Hand brennt nicht, nicht heute.
Dann fällt mir ein, dass ich mich schon einmal daran erinnert habe, als ich in der Klinik war. Komisch, dass ich es wieder vergessen hatte.
Aber diesmal scheint es fest zu sitzen. Es geht nicht wieder weg, es haftet in meinem Bewusstsein und es ist nur eines noch nicht ganz klar. Wer war dieser Mann? Mein Vater? Möglich, aber ich kann es nicht mit Sicherheit sagen.

Sein Gesicht lag irgendwie im Dunkel. Nein, ich will nicht weiter darüber nachdenken, für heute reicht es mir.
Immer noch weinend nehme ich eine Schmerztablette und eine zur Beruhigung. Ich hoffe sehr, dass sie rasch wirken.
Ich schleiche die Treppe hoch und gehe in mein ‚Kinderzimmer'.
Dann nehme ich mir Susi und lege mich ins Bett. Vielleicht habe ich ja Glück, und der Drache kommt wieder um mich zu erlösen. Das erste Mal, dass ich es mir wünsche, es regelrecht herbeisehne. Die Schmerzen sind wirklich unerträglich, aber der Drache kommt nicht, diesmal nicht, und so leide ich weiter, ertrage die Schmerzen, und weine die Tränen die seit über vierzig Jahren überfällig sind!

Ende der Triggerwarnung

Der Feuerdrache: gemalt von ‚Helen'

Der Feuerdrache: gezeichnet von ‚Ira'

19.15 h
Alles in allem betrachtet habe ich den Tag entgegen aller Erwartungen doch noch ganz gut überstanden.
Also, nun gibt es auch noch eine Filmsequenz. Ich habe sie selber gesehen, habe mich gesehen, die Veränderung an und mit mir, und ich wusste nichts von diesem Vorgang, abgesehen von dem, was ich auf dem Film gesehen habe.
Auch an die Aufzeichnung, als sie statt fand, kann ich mich nicht erinnern. Dann noch eine glasklare Erinnerung, die einfach nicht mehr verschwinden will. Wie viele Erinnerungen werden sich wohl noch einstellen in den nächsten Wochen, Monaten, Jahren?
Wie viele Beweise brauche ich noch?
Eigenartig, aber ich bin ganz ruhig. Beinahe so, als hätte ich aufgegeben. Der Kampf ist vorbei. Ich habe verloren, und meine Waffen gestreckt. Es gibt keinen Ausweg mehr für mich, keine Ausreden, ich kann es mir nicht mehr schön reden.

Jetzt werde ich doch noch traurig. Aber warum eigentlich? Im Grunde hab ich es doch schon lange gewusst.
Es war wohl auch gar nicht so sehr die Diagnose, sondern eher die dazu gehörige Anerkennung der Ursachen, die dazu geführt haben.
Etwas, das ich einfach nicht wahr haben wollte. So oft ich mich auch darüber geärgert habe, und dessentwegen es mir oft schlecht ging, dass man mich für einen Träumer hielt. Im Grunde war ich gar nicht anders.
Die Vorstellung doch nur alles geträumt zu haben, bei den wenigen Vorfällen die ich überhaupt bisher erinnere, hat mir doch noch einen gewissen Halt gegeben.
Ich konnte mich davor drücken, längst überfällige Konsequenzen zu ziehen.
Damit ist es nun vorbei. Nun muss ich es glauben, denn ich habe es gesehen, mit meinen eigenen Augen. Es länger zu ignorieren hieße mir selbst nicht zu vertrauen, und wenn nicht mir, wem denn dann überhaupt noch?
Vertraue Dir, vertraue uns. Wir sind alle da und schaffen es gemeinsam. (Tagebucheintrag in anderer Handschrift)

13. September
08.20 h

Obwohl ich sehr müde war, und auch zeitig, etwa dreiundzwanzig Uhr zu Bett gegangen bin, konnte ich gar nicht richtig einschlafen.
Bis drei Uhr dreißig habe ich wach gelegen und mir sind tausend Dinge im Kopf herumgegeistert.
Es war ohnehin schon ein schwieriger Tag, aber der Flashback hat mir dann den Rest gegeben.
Habe mich immer wieder seltsam entrückt gefühlt, dann wieder war ich ziemlich klar.
Der Prozess scheint in Gang gekommen, die Traurigkeit über die Erkenntnis lässt sich nicht mehr einfach wegwischen.
Habe versucht ganz nüchtern Bilanz zu ziehen, nach innen gehorcht um festzustellen, wer wir denn nun sind.
Bin **ich** die Hauptperson, die alles managt, quasi das Ruder in der Hand hält? Handle ich autonom, oder werde ich aus dem Hintergrund delegiert?
Bin **ich** die Frau, die einst geboren wurde? Was ist meine Aufgabe, und wofür sind all die anderen Ich`s zuständig? In wie viele Teile meiner Selbst bin ich zersplittert?
Kann/können ich/wir, sie/uns kontrollieren, absprechen, Kontakt herstellen, und wenn ja, wie?
Es ist alles so wahnsinnig kompliziert, als wäre unser Leben nicht ohnehin schon schwierig genug verlaufen.
Nun müssen wir uns auch noch untereinander/miteinander verständigen, arrangieren.

Heute ist es ganz still im Kopf.
Jeden Tag habe ich sie gehört, jetzt wo ich sie brauche, schweigen sie.
Es ist eine geradezu gespenstische Stille, die ich nicht mehr gewohnt bin.
Sie macht mir Angst, mit einem Mal fühle ich mich schrecklich allein.
Als wären wir alle schockiert, als hätte jeder plötzlich gemerkt, dass er nicht allein ist, dass es noch andere gibt, die er vorher nicht wahrgenommen hat.
Alle schweigen, jeder scheint mit sich selbst beschäftigt.

Wir existieren alle in einem Körper, wie in einem großen Raum. Es ist so dunkel, dass Niemand den Anderen sehen konnte.
Gestern ist ein Lichtstrahl durch das einzige Fenster zur Außenwelt gefallen, und hat den Raum für einen Moment erhellt.
Wir haben die Anderen wahrgenommen. Einige Wenige haben es ja sicher schon vorher gewusst, oder zumindest geahnt, aber jetzt wissen es auch viele Andere.
Leider war es nicht lange genug hell um zu erkennen wie viele nun wirklich da sind und wer?
Frauen, Männer, Kinder? Wie alt, wie sehen sie aus?
Fragen über Fragen, und keine Antwort. Wir brauchen dringend Hilfe.
Das, und soviel ist jetzt sicher, schaffen wir niemals allein!

10.25 h
Entgegen aller Vorhersagen ist das Wetter doch noch schön geworden. Zumindest im Augenblick scheint die Sonne, und so nutze ich die wohl letzten warmen Strahlen in diesem Jahr, und setze mich einen Moment in den Garten.
Das Wasser im Teich plätschert, die Pumpe läuft ja noch, und das Geräusch des plätschernden Wassers wirkt beruhigend auf mich.
So sitze ich hier, und hänge meinen Gedanken nach.
Immer noch ist es absolut still in meinem Kopf, ein Zustand den ich mir seit langem wünsche, ihn regelrecht herbeigesehnt habe, und nun irritiert er mich.
Ich überlege, wie es mir wohl am besten gelingen kann einen Zugang zu den Anderen zu bekommen. Wie soll ich lernen sie zu unterscheiden, Erkennen, welches ihre Aufgaben sind, wenn sie sich mir nicht offenbaren?
Wenn ich nur über Außenstehende Informationen erhalte, wird es sehr schwierig für mich.
Ich muss eine Liste erstellen, oder besser gleich mehrere. Jeden Einzelnen eintragen, mit Vorlieben und vor allem Fähigkeiten und Aufgaben.
Ich muss wissen, wann ich möglicherweise in Situationen geraten kann, in denen diese Fähigkeiten gebraucht werden.
Vor allem muss ich wissen wie ich sie dann bewusst abrufen kann.

Im Prinzip ist es nichts anderes als dass, was jeder Mensch ganz automatisch macht, nur ich muss es eben alles irgendwie koordinieren, weil alles auseinander gefallen ist.
Ich stelle es mir so ähnlich vor, wie bei einer großen Maschine, bei der alle Funktionen integriert sind, und die selbständig die Arbeitsabläufe erkennt die gerade nötig sind.
Bei meiner Maschine muss immer erst jemand den entsprechenden Knopf drücken, um den Ablauf in Gang zu bringen.
Sie arbeitet nicht autonom, besitzt keine Eigengesetzlichkeit.
Aber wer ist dafür zuständig die Knöpfe zu bedienen und wann? Weiß er/sie über die Maschine Bescheid? Sind alle Funktionen bekannt? Im Augenblick scheint es eher so zu sein, dass meine Maschine nicht ‚rund läuft' wie man es so schön sagt. Möglicherweise liegt es daran, dass noch so vieles im Dunkel liegt, völlig verworren, in irgendwelchen Ordnern abgespeichert, die entweder gar nicht oder nur unvollständig benannt sind.
Hm, so wie es aussieht, muss ich wohl dringend meine Festplatte defragmentieren!

14.10 h

Ich bekomme wieder Kopfweh, es tut sich was. Ausgerechnet jetzt, wo ich es wieder einmal nicht gebrauchen kann.
In etwa zwei Stunden habe ich den ersten Termin bei einer Traumatolgin, und ich möchte nicht gleich beim ersten Treffen einen völlig verpeilten Eindruck hinterlassen.
Ich bin ohnehin schon sehr nervös, aber wahrscheinlich sind wir das alle, und darum die Kopfschmerzen.
Es hängt ja auch eine Menge für uns davon ab, ob wir mit der Therapeutin arbeiten können, denn sonst müssten wir nach Alternativen suchen, die nicht eben üppig gesät sind.
Es gibt nicht viele Fachleute die sich mit Traumafolgestörungen wirklich gut auskennen, und bei DIS ist es extrem schwer jemand geeigneten zu finden. Hinzu kommt noch, dass wir sehr ländlich leben, da sind die Möglichkeiten ohnehin eingeschränkt.

20.00 h
Der Termin ist vorbei. Wieder einmal eine Fachfrau, die mir unumwunden, zügig und ohne große Schnörkeleien meine Diagnose bestätigt hat. Ich konnte nicht widerstehen, und habe sie ganz direkt gefragt, quasi als allerletzten Ausweg.

„Ja sicher haben sie eine DIS. Sie sind hier in den ersten 5 Minuten schon 3 Mal geswitcht, und nur weil ich sofort eingegriffen habe, weil ich mich auskenne, ist es nicht so schlimm geworden. Woanders wären Sie völlig abgeschmiert!"

Sie hat aber keine Kapazitäten, was die nicht unerhebliche Frage in mir aufkeimen lässt, warum sie mich überhaupt erst antreten lässt?
Und wenn sie bereits nach fünf Minuten meinen Zustand erkannt hat, und weiß, sie hat keinen Platz für eine DIS Klientin, warum bohrt sie dann noch fünfundvierzig weitere Minuten in meinem Innenleben herum und will auch noch Details?
Zumindest da habe ich sie dann doch enttäuscht, und auf meinen Krankenhausbericht verwiesen, obschon ich im Nachhinein sagen muss, dass es mich ziemlich befremdet, wenn mich eine 'Fachfrau' wohl wissend, dass sie keinen Platz anbieten kann, trotzdem dazu animieren möchte, über traumatische Erlebnisse zu reden. Eigentlich ohnehin ein absolutes no-go, aber erst recht im Hinblick auf die Ermangelung eines Therapieplatzes, mich dann noch der Gefahr auszusetzen, getriggert zu werden. Nur, um mir am Ende der Stunde mitzuteilen, dass sie mich nicht nehmen könnte, da sie schon zu viele DIS Klienten habe.
Ich glaube, ich sollte nicht allzu enttäuscht sein, dort keinen Platz bekommen zu haben.
Wie sagte meine Therapeutin Frau Dr. Bauhardt in der Klinik doch zu mir?

„Sie haben eine sehr gute Wahrnehmung. Sie sollten lernen sich selber mehr zu vertrauen."

Nun denn, meine Wahrnehmung sagt mir, sei froh, das wäre nicht die Richtige gewesen. Du wärst vielleicht vom Regen in die Traufe gekommen.

14. September
11.00 h
Um ein Uhr dreißig war ich im Bett. Um fünf Uhr das erste Mal wach. Um sieben Uhr bin ich aufgestanden. Habe mir die Listen mit in Frage kommenden Therapeuten noch einmal durchgesehen.
Es gibt zwei Listen, die man im Internet dazu abrufen kann, und ich habe mir Therapeuten heraus gesucht, die auf beiden Listen aufgeführt sind.
Eine davon, die mir auch hinter vorgehaltener Hand empfohlen wurde, habe ich dann angerufen. Es lief nur ein Band.
Telefonische Sprechzeiten zwischen sieben Uhr fünfundvierzig und acht Uhr. Zwei mal in der Woche
Es war gerade acht Uhr und fünf, das ist natürlich Pech. Also, wieder einige Tage warten.
Ich habe ein wenig Angst davor, erneut eine Pleite zu erleben, oder mit meiner Diagnose nirgends so wirklich reinzupassen.
Von anderen Betroffenen habe ich erfahren, wie unglaublich schwierig es ist eine geeignete Therapiemöglichkeit zu bekommen.
Wenn man es dann endlich geschafft hat, bezahlt die Krankenkasse gerade mal achtzig Stunden. Damit kommen wir niemals aus.
Die Täter erhalten bis an ihr Lebensende Therapie, wenn es denn nötig ist. Schließlich sind sie ja ‚gestört'
Ist das fair? Ist das in Ordnung, dass man Verbrechern hilft und die Opfer einfach links liegen lässt?
Mir wird grad übel, ich muss mal 'ne Runde kotzen.

13.20 h
Es regnet. Trotzdem sitze ich im Garten unter dem Vordach der Terrasse. Mit Ausnahme des Gartens komme ich ja nicht allein raus, und so ist er die einzige Möglichkeit für mich an frische Luft zu kommen.
Auch die Therapeutin gestern meinte es sei sehr gewagt, wenn ich dissoziierend mit dem Auto herum fahre, oder in der Gegend rum laufe.
Sie meinte, man sei in diesem Zustand zwar eigentlich schon meistens in der Lage Auto zu fahren, wies aber noch einmal besonders auf die Voraussetzungen für eine Zwangseinweisung hin.

Eigen- oder Fremdgefährdung. Das war natürlich Wasser auf Judith's Mühle. Ehrlich gesagt, hatte ich mir ein wenig Unterstützung von der Therapeutin erhofft, stattdessen blies sie mit in Judith's Horn.
Heute ist kein guter Tag. Mir ist ständig schwindelig und es flimmert vor meinen Augen. Dann weiß ich wieder nicht genau was eigentlich war. Ich kämpfe nicht mehr dagegen an, es nutzt ja doch nichts.
Ich glaube, es ist besser wenn ich mich noch ein wenig zurück ziehe.
Vielleicht gelingt es mir einige Seiten zu lesen, oder ich rufe Kerstin an.
Ein wenig Ablenkung schadet sicher nicht, und wenn ich während des Telefonats mit Kerstin switche, ist es nicht so schlimm.
Sie kennt mich schon recht gut, und weiß auch gut mit dieser Situation umzugehen.

15. September
08.00 h

Bin am gestrigen Nachmittag zu nichts mehr von dem gekommen, was ich mir vorgenommen hatte.
Auch Kerstin hab ich nicht angerufen, mal wieder nicht, dabei hatte ich mir bereits das Telefon und alles was ich brauchte zurecht gelegt.
Ständig kam wieder etwas, oder besser gesagt, jemand dazwischen und so zog sich das bis in die Abendstunden.
Was ich aber gestern noch geschafft habe, war mir Adressen von Kliniken rauszusuchen die auch DIS Patienten behandeln, und sich darauf spezialisiert haben.
Auch dies war eine Empfehlung der Therapeutin. Ich soll mich zeitnah anmelden denn die Wartelisten seien ungeheuer lang.
Ebenso empfahl sie mir mich gleich in mehreren Kliniken anzumelden. Absagen könne ich immer noch.
Sie meinte es sei wichtig eine stationäre Intervalltherapie neben einer ambulanten Therapie durchzuführen. Am liebsten würde ich wieder zum ‚Osterbach', da es aber eine Reha-Klinik ist, weiß ich nicht, ob das möglich sein wird. Also muss ich auch nach Alternativen suchen.
Beim Raussuchen der Kliniken durfte ich mal wieder feststellen, dass es alles andere als einfach ist, als DIS Betroffener unterzukommen. Nur sehr wenige wollen oder können sich mit uns auseinandersetzen. Wir sind wohl zu anstrengend, zu pflegeaufwändig, und arbeitsintensiv.

10.20 h
Habe einige Kliniken gefunden, die in Frage kämen. Einige wollen vorab einen so genannten Patientenfragebogen ausgefüllt zurück, und natürlich, falls vorhanden, entsprechende Arzt- und Krankenhausberichte.
Ergo, habe ich mich auf die Suche nach dem Bericht von der Klinik in der ich 2005 war, gemacht. Wie dem auch sei, beim Suchen fiel mir der Bericht, den einst meine Mutter für das Versorgungsamt, bei dem ich damals den Antrag auf Opferentschädigung (OEG), gestellt habe, in die Finger.
Im Grunde hatte sie bereits einige Vorkommnisse eingeräumt und bestätigt, wenn auch immer unter dem Mäntelchen ‚Ich habe ja nichts davon gemerkt', aber dennoch.
Trotzdem haben sie damals den Antrag abgelehnt. Einfach unfassbar!
Ich werde dann mal weiter suchen, den Bericht, den ich suche, habe ich noch nicht gefunden.

14.45 h
Habe ihn noch immer nicht gefunden, weiß der Himmel, wo ich den wieder verschlunzt habe.
So langsam habe ich keine Ahnung mehr wo ich noch suchen könnte, zudem werde ich auch ständig abgelenkt. Irgendetwas kommt immer dazwischen.
So ist es oft hier. Auch wenn ich schreiben will, immer funkt jemand dazwischen, hat was Wichtiges zu erzählen, meist belanglosen Kram. Smalltalk, nichts Schlimmes, aber es stört mich zusätzlich bei meiner Konzentration. Kann danach oft nicht weiter schreiben, weil ich schlichtweg vergessen habe, was ich schreiben wollte.
Eben hat Kerstin angerufen. Das war sehr schön. Sie hat mich eingeladen einige Tage bei ihr zu verbringen, um ein wenig Ruhe zu bekommen. Vielleicht mache ich das. Wäre gut, mal wieder raus zu kommen.

15.45 h
War jetzt eine Stunde oben und habe versucht zu schreiben und zu lesen. Beides ist mir aber nicht wirklich gelungen. Heute kann ich mich gar nicht konzentrieren. Immer wieder ‚gehe ich weg', oft im Minuten-

takt. Diese wenigen Sätze zu schreiben hat mich geschlagene zwanzig Minuten gekostet.
Mein Kopf scheint irgendwie leer zu sein, dabei gibt es so Vieles, was ich sagen möchte, sagen muss, gerade jetzt, in diesem Moment. Doch sobald ich einen Gedanken zu fassen bekomme, und ihn notieren möchte, ist er wieder weg. Panik erfasst mich, ich fühle mich nicht mehr sicher, weil ich mich selbst nicht mehr richtig spüre. Als wäre ich gar nicht wirklich da. Alles scheint taub zu sein.
Ich verliere den Boden … (Beim letzten Satz verändert sich bereits die Handschrift.)

17.00 h
Eben sagt mir meine Tochter, dass heute Elternabend ist. Ausgerechnet heute Abend, wo es mir so schlecht geht. Ohne Judith schaffe ich das niemals, und mit ihrer Begleitung, bin ich mir auch nicht wirklich sicher, ob es gut gehen wird.
Kann ja kaum die nötige Konzentration aufbringen etwas ins Tagebuch zu schreiben. Die Vorstellung inmitten der gesamten Elternschar zu switchen, stimmt mich auch nicht eben fröhlicher.
Lieber Himmel, was mache ich nur? Sie ist in der zehnten Klasse, es geht um den Abschluss. Die mittlere Reife steht an, und da werden ja mitunter sicher auch wichtige Dinge besprochen. Muss mich da irgendwie durchquälen, hoffe, es geht gut.

17. September
06.30 h
Gestern ging es mir so schlecht, dass das Schreiben unmöglich war. Hatte einen heftigen Flashback, der mir eine reich gedeckte Palette an extrem unangenehmen Gefühlen serviert hat. Wurde ziemlich fies hin und her geworfen, quasi im Sekundentakt, und hab mich gar nicht mehr zurecht gefunden.
Teilweise bin ich völlig orientierungslos durchs Haus gestolpert, es war wirklich grauenhaft.
Noch immer habe ich diese ‚Hölle' nicht ganz hinter mich gebracht, aber es gelingt mir schon wieder etwas länger ‚hier' zu bleiben, obwohl die Gefühle immer noch latent durchschimmern.

Es ist kalt geworden, trotzdem sitze ich im Garten. Die frische Luft tut mir gut.
In meinem Schädel hämmert es, als würde jemand mit einem Pressluft-hammer arbeiten.
Ich brauche schon wieder eine Pause.

10.00 h
Es wird langsam besser. Habe mit Judith darüber geredet einige Tage zu Kerstin zu fahren. Sie fand die Idee auch sehr gut, meinte, so käme ich mal raus, und es wäre was Anderes, als immer eine Klinik. Recht hat sie.
Kerstin kann auch gut mit uns umgehen, sie kennt das, und es erschreckt sie nicht. Sie ist wirklich eine tolle Freundin. Das findet man sehr selten.

11.40 h
Ich denke, ich fahre wirklich einige Tage zu Kerstin, allerdings noch nicht sofort. Möchte erst ein wenig stabiler werden. So was wie die letzten zwei Tage, ist ihr dann ja auch nicht zuzumuten. Schließlich ist sie auch nicht ganz gesund, wenn sie auch eine andere Erkrankung hat, aber dennoch.
Wer ist schon wirklich gesund auf dieser Welt? So viele kranke Gehirne die es gibt!
(Tagebucheintrag in anderer Handschrift)

Und in wieder anderer Schrift noch einmal:
Kopf leer! bäh!

17.30 h
Was wollte ich denn nun eigentlich mitteilen? Himmel noch mal, eben war es doch noch da, und nun schon wieder weg. Ich könnte kotzen, es macht mich echt sauer. In einem Moment ist mein Kopf so voll, dass ich Probleme habe alle Gedanken zu sortieren, und im nächsten Augenblick ist alles wie raus gesaugt.
Da fällt mir nicht einmal mehr mein Name ein. Macht mich echt richtig sauer!

Ich hasse sie alle. Alle Menschen sind Verrückte und an widerlichen, gemeinen Taten nicht zu übertreffen Ich werde sie alle vernichten! Alle sollen sie leiden und sterben, so wie wir leiden mussten, langsam und qualvoll. Nichts wird ihnen geschenkt. Diese Wichser, Arschlöcher, Dreckschweine, verrotten sollen sie alle in der Hölle, in der sie sich ja so wohl fühlen!
(Tagebucheintrag in anderer Handschrift)

Öhm, kein Kommentar, da muss ich selber mal heftig schlucken!

18. September
07.00h
Habe ziemlich unruhig geschlafen. Judith war die halbe Nacht nicht im Bett und hat wieder am Rechner gesessen.
Als sie dann gegen halb sieben zu Bett ging, hörte ich nur Vorwürfe. Wieder einmal, zum x-ten Mal in dieser Woche, wurde mir unterstellt, dass ich sie gar nicht mehr wahrnehme, mich nicht um sie kümmere.
Dabei hatte ich ihr in der vergangenen Woche mehr als einmal gesagt wie sehr ich sie liebe. Ebenso hatte ich ihr mehrfach erklärt, dass ich im Augenblick sehr mit mir selbst beschäftigt bin, und ihr auch die Gründe genannt.
Als sie mir dann heute Morgen erneut vorwarf, sie gar nicht zu bemerken, überkam mich eine rasende Wut, die ich nur schlecht unterdrücken konnte. Wie eine Riesenwelle, die einfach über mich hinweg geschwappt ist.
Sie ist diejenige die mich seit drei Tagen den ganzen Tag allein gelassen hat, die mit dem Auto unterwegs war, und von der ich über Stunden nichts gesehen oder gehört habe, und dann wirft sie **mir** vor, mich nicht um sie zu kümmern und sie nicht wahrzunehmen?
Das ist wirklich nicht fair.
Dann sagte sie noch so etwas wie – sie halte das nicht mehr aus-.
Natürlich nicht, es ist ja auch schwierig, das alles auszuhalten. Ich habe sie bereits vor Wochen gebeten sich um einen geeigneten Therapieplatz zu kümmern, sich Hilfe zu holen. Sie muss, und das ist mir durchaus klar, ebenso wie ich verarbeiten, was sie hier mit mir erlebt.
Es sind schließlich keine Kleinigkeiten die ich ihr tagtäglich biete.

Immer wieder habe ich sie auf die Notwendigkeit hingewiesen, einen Therapeuten für sich zu suchen, ihr Hilfeseiten für Angehörige aus dem Internet herausgesucht, spezielle Bücher, ebenfalls für Angehörige gekauft.
Aber sie nutzt nichts davon, kümmert sich nicht um eine Therapie.
Sie hält sich für stark, glaubt, allein damit klar zu kommen, im Grunde ist sie auch sehr belastbar, aber für **diese Sache** ist sie nicht stark genug.
Hinzu kommt, dass sie ja nun auch selbst durch den Überfall traumatisiert ist, was schon ziemlich an ihrem Nervenkostüm gezerrt hat.
Ich frage mich, warum sie sich nicht endlich einen Therapeuten sucht.
Sie glaubt, wenn sie stundenlang mit dem Auto in der Gegend herum fährt, kann sie abschalten. Das mag sein, aber ihre Probleme löst sie damit nicht.
Ich hoffe sehr, dass es ihr bald gelingt einzusehen, dass sie allein überfordert ist. Es tut mir weh, sie so leiden zu sehen, und zu wissen, dass sich noch lange, sehr lange nichts ändern wird.
Sie ist mir sehr wichtig, unsere Beziehung ist mir wichtig. Ich liebe sie, und ich will sie nicht verlieren!

17.00 h
Bin wieder halbwegs klar. Es fällt mir ehrlich schwer zu beschreiben, was vorhin geschehen ist, zu peinlich ist die ganze Sache, und ich schäme mich fast zu Tode.
Ich habe auch lange darüber nachgedacht, ob ich überhaupt schreiben soll, was ich eben erlebt habe. Aber auch das, gehört zu mir, und zeigt noch einmal in aller Deutlichkeit, was Menschen mit einer DIS alltäglich erleben müssen.
Der Streit den ich heute früh mit Judith hatte, hat nicht eben zu mehr Stabilität geführt, und so bin ich bereits den ganzen Tag etwas kippelig. Verliere oft die Orientierung, finde mich schlecht zurecht, dann wieder bin ich klar. Soweit erst einmal nichts Ungewöhnliches für mich.
Mich dann aber zusammen gerollt, in der Ecke liegend mit vollgepieselter Hose wieder zu finden, ist ein Novum, welches mir wieder einmal vor Augen führt, dass das Spektrum, dessen was ich erleben kann, offenbar noch lange nicht erreicht ist.

Mein ganzes Leben ist scheinbar voller neuer Alternativen, die mir eine unglaubliche Palette zweifelhafter Möglichkeiten eröffnen.
Lieber Gott, ich habe in die Hose gemacht!
Das Loch, in das ich mich verkriechen möchte, kann nicht groß genug sein, nein, es genügt auch nicht in einen anderen Ort zu ziehen, am liebsten würde ich den Planeten verlassen, jetzt, sofort!
Die Embryonalhaltung in der ich mich wieder gefunden habe, scheint eine Weile bestanden zu haben, denn ich habe das Gefühl zunächst einmal meine Knochen sortieren zu müssen, ehe ich mich wieder flüssig bewegen kann.
Mit frischen Sachen unter dem Arm schleiche ich ins Bad um zu duschen und mich umzuziehen. Ich wage nicht einmal einen Blick in den Spiegel, so sehr schäme ich mich!
Soll ich Judith davon berichten?
Ja, so peinlich es auch ist, es könnte wieder geschehen, sie sollte informiert sein.
Ich erzähle es ihr, sie findet es nicht schlimm. *„Das ist eben so, das macht doch nichts", sagt sie.*
Ich bewundere sie heimlich. Sie erträgt wirklich **alles** mit scheinbarem Gleichmut. Aber das täuscht. Ich schaue in ihre großen, scheinbar so starken Augen, und sehe genau, dass sie innerlich vor Verzweiflung schreit.
Ich habe ein wahnsinnig schlechtes Gewissen und fühle mich so hilflos, weil es nichts gibt, das ich tun kann, um die Situation für sie erträglicher zu machen, außer mich aus ihrem Leben zu entfernen.
Wieder einmal überlege ich, ob es nicht für alle das Beste wäre, wenn es mich gar nicht mehr gäbe.

19. September
04.00h
Mit Schlafen ist es erst einmal wieder vorbei. Mein Kopf ist voller – Nichts – und ich versuche verzweifelt dieses – Nichts – in Worte zu fassen.
Seit einigen Tagen geht das nun schon so, mal mehr, mal weniger schlimm. Zwischendurch rieselt Erinnerungskonfetti durch mein Bewusstsein. Dann geht es mir besonders schlecht. Ich verliere völlig

den Halt und die Orientierung. In Bruchteilen einer Sekunde verschwindet alles hinter einer dicken Nebelwand oder stürzt mich in tiefste Schwärze, die alles, inklusive des Konfettis wieder verschlingt.
Zum Schluss bleibt nichts, als die Erinnerung an eine Erinnerung. Der Inhalt selbst ist wieder weg.
Schlafen, geht also nicht, alles andere aber auch nicht. Computer und Internet, habe es versucht, kann nicht wirklich dabei bleiben, keine der von mir aufgerufenen Seiten fesselt mich wirklich, und ich springe auch hier hin und her.
Lesen, jeden Satz drei Mal, am Ende stelle ich fest, dass ich noch immer nicht den Sinn dessen, was ich gelesen habe, entnehmen konnte.
Schreiben, alle paar Minuten einen Satz, danach ist der Kopf wieder leer. Kein Raum ist gut, ich bin wieder einmal auf der Flucht vor mir selbst.
Hin und her laufen, nirgends ankommen. Alles ist falsch, fühlen uns müde und schwach. Wir sind erschöpft. Der Körper bricht zusammen, und wir können nichts dagegen machen. Die Höhle ist groß und kalt, es sind so viele, die nicht wissen. Können uns nicht länger verstecken. Der Kampf hat angefangen, der Krieg begonnen. Wir wollen gesehen werden. Wir wollen satt werden und in Ruhe schlafen. (Tagebucheintrag in anderer Handschrift)

Gesehen werden?
Also ich versuche ja nun bereits seit geraumer Zeit Euch nicht mehr zu ignorieren, aber wer mir nicht antwortet, dem kann ich auch nicht helfen.
Nicht länger verstecken? Na, das ist ja mal eine ganz grandiose Aussage. Ich hatte nicht den Eindruck, dass sich hier Irgendeiner in den letzten Wochen noch versteckt hat, ganz im Gegenteil.
Oder interpretiere ich das jetzt etwa alles falsch?
Um die Wahrheit zu sagen, ich weiß es nicht. Ich bin wirklich völlig überfordert, und es wird Zeit, dass ich Jemanden an die Hand bekomme, der mir hilft ein wenig Ordnung in den Laden zu bringen.
Ach ja, müde bin ich auch, und schlafen möchte ich auch gerne, und wie!

09.50 h
Bin eben wach geworden. Habe wohl noch eine Weile geschlafen, wann ich aber ins Bett gegangen bin, weiß ich nicht mehr, und obwohl ich scheinbar geschlafen habe, fühle ich mich ziemlich erschlagen, keineswegs ausgeruht.
Es ist kalt heute Vormittag. Dieses Jahr kommt der Herbst sehr früh.

14.46 h
Tausend Dinge gibt es, die ich gerne erledigen möchte, Dinge, die wichtig sind, ein wenig Struktur in mein chaotisches Leben zu bringen.
Ich nehme sie mir vor, aber wenn ich dann an die Erledigung gehen will, weiß ich schon nicht mehr womit ich beginnen wollte, geschweige denn wie.
Ich denke, ich sollte die klaren Momente nutzen, um mir Listen zu erstellen, an Hand derer ich mich dann orientieren kann.
Das wird nun mal mein erstes Projekt. Sonst komme ich ja niemals weiter!

Struktur scheint ein zentrales Thema für mich zu sein, ohne verliere ich mich völlig, und finde mich am Ende gar nicht mehr zurecht.
Dabei genügt es nicht, mir etwas vorzunehmen. Ich muss es notieren, damit es nicht in meinen Nebelschwaden verloren geht. Inzwischen schreibe ich alles, wirklich alles auf, nur um am Ende häufig festzustellen, dass ich inzwischen vergessen habe, wo genau ich es denn nun notiert habe. Es ist wirklich schlimm. Die Anzahl der Kladden und Notizbücher wird immer größer. Inzwischen schleppe ich einen halben Schreibwarenladen mit mir herum. Natürlich zusätzlich zu den ganzen anderen notwendigen Utensilien, wie mein Notfalltäschchen, und etliche andere Skills, dann noch einige Brillen, die ich hin und wieder benötige. Nicht jeder von uns scheint die gleiche Sehschärfe zu haben. Einer ist kurzsichtig, der andere weitsichtig, der nächste hat Augen wie ein Adler und braucht gar keine Brille. Meine Tasche platzt bereits aus allen Nähten, von dem Gewicht will ich mal gar nicht reden. Wenn das so weiter geht, werde ich wohl demnächst mit einem Koffer durch die Gegend wandern.

20. September
09.30 h
Habe sehr schlecht geschlafen. Alle Knochen tun mir weh, und ich habe am ganzen Körper einen unglaublichen Muskelkater. Weiß der Geier, was ich heute Nacht wieder veranstaltet habe, als ich mich schlafend geglaubt habe.
Als würden nicht die Kopfschmerzen allein schon genügen.

Meine Liste der zu erledigenden Dinge habe ich fertig, und werde mal gleich die erste Aufgabe in Angriff nehmen.

19.45 h
Den Vormittag habe ich im Garten verbracht. Die Pflanzen am Teich mussten beschnitten werden, und ich habe damit begonnen den Garten winterfest zu machen, soweit ich das mit meinen schmerzenden Gliedern geschafft habe.
Danach habe ich angefangen meine Aufzeichnungen aus den Tagebüchern zu überarbeiten.

Die Originalaufzeichnungen, die hier als Material dienen, sind doch um einiges chaotischer, und sicher nicht so einfach nachvollziehbar. Ich habe versucht diese Aufzeichnungen in eine Form zu bringen, die jeder gleich verstehen kann, ohne dabei den Inhalt zu verändern.
Ich weiß nicht, ob es jemals gut genug sein wird, gedruckt zu werden, aber darum geht es auch gar nicht. Wichtig ist im Augenblick nur, dass ich mich mitteilen kann. Es mir von der Seele rede, und zwar so, dass mich jeder versteht.
Das Schreiben an dem Script, hat mir sehr gut getan. Habe mich gefühlt, als würde ich einen Arbeitsalltag meistern. Das Gefühl der Nutzlosigkeit ist seit langem wieder in den Hintergrund getreten.
Endlich hatte ich wieder was Sinnvolles zu tun. Vielleicht gelingt es mir nicht täglich, und wenn, dann sicher nicht über acht Stunden, aber dennoch. Ich habe wieder etwas, woran ich arbeiten kann. Ich spüre, dass es mir Halt gibt, und es ist ein schönes Gefühl mich müde zu fühlen weil ich gearbeitet habe, nicht weil ich vor Verzweiflung erschöpft bin.

21. September
10.00 h
Bin wirklich ratlos. Seit einer Woche versuche ich eine andere Traumatologin zu erreichen, aber ständig läuft da ein Band. Immer wieder andere Ansagen über die telefonischen Sprechzeiten. Ich rufe natürlich immer außerhalb der Sprechzeiten, weil sich diese permanent verändern. Dann warte ich wieder, nur um einige Tage später festzustellen, dass sich die Zeiten erneut geändert haben. Entweder bin ich wirklich inzwischen so verpeilt, dass ich es nicht geregelt bekomme, mir die Zeiten richtig zu notieren, oder aber sie ändert die Anrufzeiten tatsächlich täglich.
Das ist dann natürlich schwierig Jemanden zu erreichen. So kann man sich auch die Leute vom Hals halten. Das macht mich wirklich sauer, eine klare Ansage in Form von: ‚Tut mir leid, aber ich habe derzeit keine Kapazitäten', täte es ja im letzteren Fall durchaus auch. Zudem wäre es wesentlich weniger aufwendig, als täglich das Band neu zu besprechen.
Es ist immer dasselbe. Egal an wen man sich wendet, nie hat Jemand Zeit oder Lust. Warum hängen sie sich nicht gleich ein Schild an die Türe: ‚Für DIS Klienten keinen Zugang!'

„Sie müssen sich dringend eine ambulante Therapeutin nehmen. Das ist sehr wichtig“, sagte Frau Bauhardt in der Klinik.

Ja, sie hat gut reden. Woher soll ich die nehmen? Habe inzwischen etliche Therapeuten angerufen um einen Termin zu bekommen, aber niemand hat wirklich Plätze frei.
Wenn sie dann auch noch hören, dass ich eine DIS habe, dann spüre ich sie förmlich innerlich die Hände über dem Kopf zusammen schlagen.
Um Gottes willen, alles nur das nicht.
Wenn schon Fachleute eine solche Angst vor dieser Diagnose haben, wie kann man dann von Betroffenen Gelassenheit erwarten? Haben wir die Pest? Kommt mir manchmal so vor, als hätte ich die schwarze Kappe auf.
Nein, nein, ich bin jetzt wirklich unfair. Es ist definitiv schwer, um nicht zu sagen sauschwer, mit DIS Klienten umzugehen.

Wenn ich allein daran denke was diese armen Menschen, die ja nur helfen wollen, sich allein durch den Umgang mit den einzelnen Persönlichkeitsanteilen gefallen lassen müssen, wie vorsichtig sie mit ihren Patienten umgehen müssen.
Wie anstrengend es wohl sein muss, sich jeden Satz zehn mal durch den Kopf gehen zu lassen, ehe man ihn ausspricht, jedes Wort auf die berühmte Goldwaage legen, um nur nicht irgendetwas auszulösen, nicht zusätzlich unbewusst zu verletzen.
Ganz zu Schweigen von den Inhalten der traumatischen Erlebnisse, die sich kein normaler Mensch mal eben so nebenbei anhören kann, ohne dass es ihn irgendwie berührt.
Dazu bedarf es einer sehr starken Persönlichkeit, und der Fähigkeit abschalten zu können.
Das kann nicht Jeder.
Und die Wenigen, die dazu in der Lage sind, haben eben nicht genügend freie Plätze anzubieten, weil es leider sehr viel mehr Menschen gibt, die verletzen, als solche die wieder heilen.
Nein, es ist nicht fair, ausgerechnet auf die Menschen wütend zu sein, die uns ihre Hand reichen, uns helfen wollen wieder festen Boden unter den Füssen zu gewinnen, und wieder ein halbwegs normales Leben führen zu können.
Sie sind nicht Schuld an unserem Dilemma. Sie reichen uns ihre Hände, und versuchen in einem immerwährenden Kampf zu retten, was noch zu retten geht, zu heilen, wo noch Heilung möglich ist.
Dabei gehen sie sicherlich oftmals weit über ihre persönliche Belastungsgrenze hinaus und werden nicht selten selber krank.
Dafür haben sie unseren allergrößten **RESPEKT** verdient und unsere allergrößte **HOCHACHTUNG** und **DANKBARKEIT**, und nicht etwa unsere Wut.
Die Wut, sollten wir denen vorbehalten, die sie tatsächlich auch verdienen, und nicht gegen Ärzte und Psychologen richten, die oftmals die ersten Menschen in unserem Leben sind, die uns zeigen, dass es auch heilende Hände gibt auf dieser Welt, nicht nur verletzende.
Nichts desto trotz, macht sich eine gewisse Enttäuschung breit, die ja auch durchaus nachvollziehbar ist.

Judith hat eben noch mal versucht anzurufen. Sie hatte genauso wenig Glück wie ich, hat aber diesmal eine Nachricht auf Band hinterlassen und um Rückruf gebeten.
Mal sehen, ob sich jemand meldet. Ich hätte nicht auf das Band gesprochen, das ich eine DIS habe, sage ich lieber persönlich, wer weiß schon von wem die Bänder abgehört werden. Nun, Judith hat es gesagt, das lässt sich nicht mehr ändern. Wahrscheinlich wird sie sich gar nicht erst zurück melden. Das wäre auch nicht das erste Mal.

22. September
06.20 h
Die Nacht war schlimm. Ich bin oft wach geworden und meine Kopfschmerzen haben mich lange am wieder Einschlafen gehindert.
Wieder bin ich rastlos umhergestiefelt, ohne einen wirklichen Anlaufpunkt. Zu guter Letzt, habe ich aber dann doch noch mal ins Bett zurück gefunden, und auch noch eine kleine Weile schlafen können.

11.15 h
Entgegen aller Erwartungen hat sich die Therapeutin, der Judith gestern auf das Band gesprochen hat, tatsächlich zurück gemeldet. So, wie ich sie verstanden habe, hätte sie sogar einen freien Platz. Na, das nenne ich dann mal Glück. Sicherlich liegt es auch daran, dass sie keine festen Verträge mit den Krankenkassen hat, und man muss sich erst vor Beginn der Therapie eine Kostenzusage holen.
Stellt sich für mich die Frage, wer denn nun dafür zuständig ist? Die Krankenkasse, oder die Berufsgenossenschaft, die ja nun auf Grund des Überfalls an meinem Arbeitsplatz auch eine gewisse Zuständigkeit in punkto Traumatherapie hat.
Ich habe meinen Betreuer angerufen, der für die Klärung solcher Angelegenheiten zuständig ist.
Er hat mir zugesagt die Angelegenheit so rasch wie möglich zu klären, und mich spätestens morgen anzurufen. Da muss ich jetzt wohl abwarten.

17.00 h
Meine Tochter ist zum Lernen weg. Sie schreibt morgen eine Klassenarbeit in Mathematik und wollte die Aufgaben noch einmal mit einem Klassenkameraden durchsehen.
Das gibt mir Zeit, um mich ein wenig zurückzuziehen. Meine Kopfschmerzen treiben mich noch mal in den Wahnsinn.

23.09.
09.30 h
Eben hat mein Betreuer mich angerufen und mir mitgeteilt, dass die Berufsgenossenschaft eine Kostenzusage über die Therapie erteilt hat.
Die zuständige Sachbearbeiterin hat auch sofort ein Fax mit der Kostenübernahme an die Therapeutin geschickt, so dass es da nun keine Schwierigkeiten mehr geben sollte.
Ich habe vor Freude Tränen in den Augen.
Jetzt wird es hoffentlich bald besser.

16.30h
Habe noch mit Kerstin telefoniert und ihr die gute Nachricht mitgeteilt. Sie freut sich sehr mit mir, und drückt mir die Daumen, das ich diesmal auch Glück habe was die Zusammenarbeit mit der Therapeutin angeht. Es ist ja nicht ganz unwichtig, dass wir sozusagen kompatibel sind. Das wird sich erst dann herausstellen, wenn wir uns kennen gelernt haben. Habe nach dem Gespräch noch eine Weile an dem Script gearbeitet. Anstrengend, aber schön.

24.September
03.10 h
Ehrlich, ich habe keine Ahnung, was mir wieder den Schlaf geraubt hat. Habe mich hin und her gewälzt und bin schließlich schweißgebadet aufgewacht. Jetzt hocke ich in der Küche und starre die Wände an, nicht sehr produktiv, aber etwas Besseres fällt mir nicht ein, und im Bett halte ich es im Augenblick gar nicht aus. Ich blicke mich um, schaue auf die Schränke, den Herd, den Kühlschrank, und bleibe an der Spülmaschine kleben.

10.30 h

Nachdem ich mitten in der Nacht zwei geschlagene Stunden in der Küche damit verbracht habe einfach nur die Spülmaschine anzustarren, bin ich noch mal ins Bett gegangen. Bis acht Uhr habe ich noch geschlafen und bin dann in die Dusche gegangen.

Um halb zehn habe ich dann bei der Therapeutin angerufen, und ihr auf das Band gesprochen und um einen Rückruf gebeten.

Ich war ehrlich überrascht, als dieser bereits 15 Minuten später erfolgte.

Wir haben einen Termin vereinbart am 30. September um elf Uhr

Mir ist durchaus klar, dass ich großes Glück habe, dass die Berufsgenossenschaft in dem Fall alle Kosten übernimmt, wahrscheinlich hätte ich sonst noch Jahre nach einem Therapieplatz suchen müssen.

Ist es nicht geradezu pervers, dass ich erst noch überfallen werden muss, um eine Therapie bezahlt zu bekommen?

Dabei war gerade dieser Überfall das absolut Geringste, was mir in meinem Leben widerfahren ist.

Wäre er aber nicht geschehen, könnte ich jetzt zusehen wo ich bliebe.

Für die Heilung misshandelter und missbrauchter Kinder fühlt sich dieser Staat nicht wirklich zuständig, obwohl immer das Gegenteil behauptet wird.

Aber allein schon die Tatsache, dass man ja erst einmal beweisen muss, was einem angetan wurde, führt bereits dazu, dass weit mehr als die Hälfte der Betroffenen auf taube Ohren stoßen.

Wie soll man etwas nachweisen, dass zum Teil mehrere Jahrzehnte zurückliegt, und woran man sich selbst nur schleierhaft, wenn überhaupt erinnert?

Die Narben sind längst verblasst, Zeugen, gibt es entweder keine, oder sie wollen nichts gemerkt, oder gesehen haben, können sich nicht mehr genau erinnern.

Und so steht man ganz allein da, so wie immer, und wird nicht selten noch zusätzlich von einigen als Lügner dargestellt. Es ist ja auch so viel bequemer sich vorzustellen, dass es solche Dinge nicht wirklich gibt.

Irgendwann gibt man dann auf, und macht, was man immer gemacht hat, schweigen, und aushalten, irgendwie!

11.40 h
Ich würde gerne an meinem Script weiter arbeiten, aber Judith belegt den großen Rechner, auf dem meine Aufzeichnungen abgespeichert sind.
Vielleicht sollte ich das Ganze mal auf den Laptop übertragen, damit wäre ich ein wenig flexibler. Da sie ja auch noch immer krank geschrieben ist, ist sie viel zu Hause und sie kann mit ihrer starken Sehschwäche besser mit dem großen Bildschirm arbeiten.
Für mich ist das natürlich mit zusätzlichen Einschränkungen verbunden, ich kann ohnehin nur die 'klaren' Zeiten nutzen.

25. September
22.35 h
Seit gestern Nachmittag geht's mir gar nicht gut. Habe am Abend noch einen heftigen Flash gehabt, der mich auch heute noch den ganzen Tag außer Gefecht gesetzt hat.
Zudem kommt, dass trotz allem schon wieder Zweifel an mir nagen, ob ich denn nun tatsächlich multipel bin.
Mag sein, dass es auch daran liegt, dass ich so wenig von meinen Leuten weiß.
Sie erscheinen mir alle so fremd. Wenn ich versuche mit ihnen in Kontakt zu treten, erhalte ich oft keine Rückmeldung, dafür tauchen sie an anderer Stelle völlig unvermittelt auf. Das ergibt alles keinen Sinn für mich.
Ich habe mir überlegt, dass es möglicherweise ganz gut wäre, wenn ich sie noch einmal ganz offiziell einlade, und so schreibe ich Folgendes ins Tagebuch:

Meine lieben Mitbewohner,
ich möchte Euch alle gerne persönlich kennen lernen. Bitte schreibt mir doch oder malt etwas für mich, wenn ihr noch nicht schreiben könnt. Teilt mir mit, ob ihr einen Namen habt, wie alt ihr seid, und was ihr für Funktionen oder Aufgaben habt.
Ich würde mich sehr freuen.

26. September
09.30 h
Keine Antwort, zumindest nicht heute Nacht. Ich habe Judith von meinen erneuten Zweifeln berichtet, ihr meine Befürchtung mitgeteilt, mir doch alles nur einzubilden.

„Möchtest Du vielleicht das Video noch einmal anschauen?"
„Öhm, nein, danke!"

Ich zermatere mir den Kopf. Wie kann ich herausfinden was da los ist? Ich überlege, ob es mir gelingt, wenn ich mich wirklich, **ehrlich** darauf einlasse.
Und so suche ich die Stille meines Schlafzimmers auf, lege mich ins Bett, und versuche mich auf ‚innen' zu konzentrieren.
Es dauert eine Weile, bis ich wirklich ruhig und entspannt bin, aber dann geschieht etwas Unglaubliches.
Das Bild in meinem Kopf verändert sich. Vor meinem inneren Auge erscheint eine riesige Höhle. Innen sind Menschen, völlig unterschiedlichen Alters und Geschlechtes. Es ist wirklich alles vertreten, Frauen, Männer, Kinder, und …, es sind viele, sehr viel mehr als ich jemals geglaubt hätte. Sie scheinen in drei Lager geteilt zu sein, wobei links die eher Unangenehmen und rechts die mir Wohlgesonnenen zu stehen scheinen.
Jeder dieser Gruppe scheint einen Anführer zu haben, der jeweils vorne vor der Gruppe steht, wobei die Gruppe der Unangenehmen, nochmals irgendwie unterteilt scheint, in unangenehm und besonders unangenehm.
Die Gruppe der Wohlgesonnenen wird von einem Mann beaufsichtigt, der im Vordergrund steht. Es sind viele Kinder darunter, mehr als auf der anderen Seite, aber auch einige Erwachsene unterschiedlichen Alters. Ein kleines Mädchen erkenne ich wieder. Sie hat goldblonde Locken. Etwas weiter hinten in der Höhle, aber auch auf der Seite der Guten sind kleine Nischen in den Fels geschlagen. Darin befinden sich Kisten in denen vier Babys liegen. Eines davon wimmert. Insgesamt sind es dreizehn Personen und vier Babys, also siebzehn.
Auf der rechten Seite, der unangenehmen Seite stehen sechs Leute, zwei davon sind jugendlich. Der Mann der vor der Gruppe steht, wirkt

extrem unangenehm auf mich. Er steht mit breit auseinander gestellten Beinen vor der Gruppe und hält eine Art Schläger in seiner Hand. Damit schlägt er immer in die andere offene Handfläche um zu zeigen wie ernst es ihm ist.
Sein Gesicht hat einen ausgesprochen aggressiven Ausdruck.
Vorne am Höhleneingang, quasi im Vordergrund, stehen weitere drei Personen. zwei Frauen und ein Mann.
Von ganz hinten tief aus der Höhle, dort wo man vor lauter Dunkelheit nichts mehr sehen kann dringt das Geraune und Gemurmel weiterer Personen zu mir vor. Sehen kann man sie aber nicht.
Zusammengezählt sind es insgesamt sechsundzwanzig unterschiedliche Personen die ich sehen kann.
Wenn ich davon ausgehe, dass das Gemurmel aus dem Höhleninneren mindestens eine Hand voll ist, komme ich auf über dreißig.
Das ist sehr viel mehr, als ich geglaubt habe, sehr viel mehr, als ich im Moment fassen kann.
Ich bin gerade dabei mir die einzelnen Leute genauer anzusehen, als die Türe vom Schlafzimmer aufgerissen wird, und Judith hereinkommt.
Das war es, okay, ich hätte ihr besser sagen sollen, was ich vorhabe. Beim nächsten Mal mache ich das. Für heute kann ich nicht mehr, ich bin erschöpft und muss auch erst einmal verdauen, was ich eben gesehen habe.
Der Schock sitzt mir noch in den Gliedern. Ich dachte so an fünf oder sechs, aber das?*
Wer weiß wie viele nun tatsächlich noch aus dem Höhlenhintergrund gesprungen kommen?
Nein, nicht daran denken, nicht jetzt, für heute ist es genug.

13.00 h

Habe eben mit Kerstin telefoniert. Heute Abend fahre ich für einige Tage zu ihr. Ich bin ein wenig ambivalent. Einerseits freue ich mich sehr, aber auf der anderen Seite habe ich auch Angst. Es ist eine fremde Umgebung, und was mache ich wenn wieder eines der Kleinen erscheint und ihr womöglich ins Bett macht.
Ich werde wohl besser eine Molton-Auflage mitnehmen.

*Etwa sechs Monate nach Beendigung des Manuskriptes, liegt die Anzahl unseres Teams bereits deutlich im dreistelligen Bereich.

Sicher ist sicher!

20.10 h
Seit etwa 1,5 Stunden bin ich bei Kerstin. Sie hatte mal wieder eine Überraschung für die ‚Kleinen'.
Als erstes hat sie mir eine Wanduhr in die Hand gedrückt. Ich konnte noch so eben Bambi und Klopfer erkennen, dann war ich weg.
Als ich wieder wach wurde, stand ich nicht mehr im Wohnzimmer, sondern im Flur, und statt der Uhr hielt ich eine rosa Katze im Arm.

„Laura hat sich sehr über die Katze gefreut. Sie hat der Katze den Namen ‚Kerstin' gegeben, weil ich immer so lieb zu ihr sei",

berichtet mir Kerstin voller Freude.
Sie scheint eine besondere Affinität zu ‚Laura' zu haben. Da ist sie nicht die einzige. Auch Judith und meine Tochter finden ‚Laura' ausgesprochen niedlich.

Ich habe ein bisschen ein schlechtes Gewissen. Es ist ja ganz nett, das ‚Laura' immer so reich beschenkt wird und so gemocht wird, aber es gibt noch mehr Kinder, die weil sie nicht so quietsch vergnügt sind, und eher weinerlich oder schwierig wirken, immer hinten anstehen. Ich habe ein wenig Sorge, dass gerade diese Kinder mal wieder das Nachsehen haben und zu kurz kommen.
Insgeheim wünsche ich mir ‚Laura' auch mal kennen zu lernen. Sie scheint ein richtiger kleiner Charmeur zu sein, hat es wirklich drauf die Leute um den Finger zu wickeln. Ich würde sie zu gerne selber mal erleben, aber immer wenn sie kommt, muss ich leider gehen.
Später haben wir uns dann eine Pizza bestellt und noch eine ganze Weile geplaudert. Insgesamt war es ein schöner Abend.

27. September
10.05 h
Habe etwas unruhig geschlafen, was in Anbetracht der fremden Umgebung aber auch normal ist. Zudem konnte ich die Türe zum Schlaf-

zimmer nicht schließen, weil Kerstins Katzen noch darin herum tobten und sonst nicht raus gekonnt hätten.
Eine geöffnete Türe und Katzen, die mehrfach nachts vor meinem Bett herum geschlichen sind, und über Schränke und Kleiderständer gesprungen kamen. Ich hab mich schon einige Male ordentlich erschreckt, und die Nacht wurde für mich zu einer echten Nervenprobe.
Gegen fünf Uhr bin ich dann aufgestanden und habe eine Zigarette geraucht. Nachher habe ich mich aber noch einmal hingelegt und als es hell wurde, konnte ich auch noch ein wenig schlafen.

28. September
10.20 h
Gestern Abend ging es mir sehr schlecht. Es fing damit an, dass ich versucht habe, mich erneut auf mein Innenleben zu konzentrieren. Das war soweit auch kein Problem, aber als ich den Versuch unternahm einen Kontakt herzustellen, wurde es mit einem mal sehr schwierig. Plötzlich war ich völlig durcheinander, konnte keinen klaren Gedanken mehr fassen. Ich kam mir vor wie eine Kugel in einem Flipperautomat die von einer Stelle zur nächsten geworfen wird. Nichts, wirklich gar nichts schien mehr möglich. Wie auch, wenn man im Sekundentakt von einem in den nächsten Zustand katapultiert wird.
Es kam mir fast so vor, als gäbe es da eine Sperre, die verhindert, dass ich einen richtigen, guten Kontakt herstellen kann. Wir reden alle, aber irgendwie immer aneinander vorbei. Wir können nicht oder zumindest nicht alle miteinander kommunizieren, uns nicht absprechen, es ist nicht möglich, warum auch immer. Bisher gibt es nur zwei, die auch mit mir in direkten Kontakt treten
Das Einzige, was aus all dem Chaos immer alles überlagernd wahrnehmbar ist, ist die Stimme meines ‚Anklägers'.
Er beschimpft mich nicht nur, sondern er ist es auch, der mich immer wieder ins Chaos stürzen kann. Zudem überhäuft er mich mit Gefühlen, die so intensiv sind, dass ich mich kaum dagegen wehren kann. Es sind Gefühle von unbändigem Hass, verbunden mit dem Wunsch zu verletzen.
Er hat ganz klare Regeln aufgestellt und droht mir ständig bei Nichteinhaltung mit Konsequenzen.

Achtung: Mögliche Trigger. Betroffene sollten das kursiv gedruckte nur bei ausreichender Stabilität lesen!

„Höre auf zu jammern und zu heulen, du machst es nur schlimmer wenn du so böse bist, und dann musst du wieder bestraft werden, das willst du doch nicht, oder? Und du wirst nie, nie, niemals Irgendjemandem davon erzählen, sonst …du weißt schon was dann passiert! Ich hab's dir gesagt. Also, vergiss nicht, niemals, hast du das verstanden? Niemals, hast du das verstanden? Niemals, hast du das verstanden …?"

Er sagt es immer und immer wieder, als wäre eine Schallplatte hängen geblieben. Aber ich weiß nicht was dann passieren soll, ich habe wirklich keine Ahnung.

30. September
08.15 h
Gestern bin ich gar nicht dazu gekommen viel zu notieren. Den ganzen Tag war ich mit Kerstin unterwegs. Wir waren in der Stadt, haben uns ein wenig die Zeit vertrieben, und ein Eis gegessen. Als wir wieder bei ihr daheim waren, hat sie mir erneut eine Tüte mit Geschenken für die ‚Kleinen' überreicht. Die gute Seele!
Es waren ein Malblock und Wachsmalkreiden sowie ein kleines buntes Puzzle in der Tüte.
Der Block und die Kreiden wurden dann auch gleich von einigen ‚Kleinen' eingeweiht. Eines der Bilder war weniger nett, und hat mich ziemlich erschreckt. Ich habe es gleich eingepackt und werde es mir später einmal anschauen, wenn ich das Gefühl habe, es auch zu vertragen.
Seit gestern Abend bin ich wieder zu Hause. Es war sehr schön bei Kerstin, aber es war auch anstrengend. Sie hat drei Katzen, die ein wenig verrückt sind, und ich habe zu Katzen ohnehin ein eher gespanntes Verhältnis. Irgendwie machen sie mir Angst, warum auch immer. Obwohl mir Kerstin immer wieder gesagt hat, ich solle mich wie zu Hause fühlen, hatte ich doch Hemmungen. Sie schläft sehr gerne, ich, aber kann kaum schlafen und ich hatte immer Angst sie zu stören wenn ich mal wieder so umtriebig in der Gegend rumgetapert bin.

Heute habe ich das erste Gespräch bei meiner neuen Therapeutin. Ich bin wirklich sehr gespannt.

01. Oktober
15.00 h
Habe eine Weile gebraucht meine Fassung wieder zu finden. Nachdem ich gestern bei der Therapeutin war, war ich doch erst einmal wieder ziemlich schockiert.
Als erstes teilte sie mir mal mit dass die Berufsgenossenschaft lediglich die Kostenübernahme für den Überfall zugesagt hat, nicht jedoch für das Kindheitstrauma.

„Also, wir können uns nur um den Überfall kümmern!"
„Und wie bitteschön soll ich das trennen? Soll ich die Anteile, die sich bei dem Überfall neu gebildet haben einladen an der Therapie teilzunehmen, und die anderen so lange in eine Kiste sperren? Wenn das so einfach wäre, würde ich sie ja gleich alle einsperren! Wenn Therapie, dann muss wirklich alles früher oder später aufgerollt werden, das macht sonst keinen Sinn."
„Ich glaube nicht, das wir bei Adam und Eva anfangen müssen, vielleicht genügt es ja, das unverletzte ‚Ich' das jeder Mensch in sich hat, zu stabilisieren und zu stärken."

Hm, hab ich das jetzt richtig verstanden? Hat sie mir ernsthaft vorgeschlagen sich nur um einen, den unverletzten Teil zu kümmern und die anderen nicht zu beachten?
Falls ich das nicht falsch verstanden habe, was ich hier erst einmal nicht ausschließen möchte, wäre das der größte Bullshit, der mir je untergekommen ist.
Mal ganz davon abgesehen, dass das niemals funktionieren wird, denn bisher habe ich den Schalter, mit dem ich die einzelnen Teile an und ausschalten kann, noch nicht gefunden, wäre das genau das was bisher immer in den Kliniken, mit Ausnahme der Traumaklinik, gemacht wurde
Sich auf einen Teil konzentrieren und stabilisieren, bis es wieder halbwegs geht. Dann geht man nach Hause, macht weiter wie immer, um dann nach spätestens einem Jahr wieder auf die Nuss zu fallen?

Nein, no, non, niet, nicht mehr, so nicht, nicht mit uns!
Wenn Therapie, dann richtig, ganz oder gar nicht. Da lassen wir nicht mehr mit uns reden.
Unser halbes Leben lang sind wir durch Klinken gescheucht worden. Immer wieder andere Ärzte, andere Diagnosen, Niemand wusste was wirklich los war. Keiner hat uns wirklich ernst genommen, uns geglaubt. Aber wir haben auch dazu gelernt, wissen worauf es ankommt, und darüber diskutieren wir nicht mehr. Punkt!
Wenn man einen Splitterbruch hat, kommt auch niemand auf die Idee, nur ein oder zwei Splitter wieder an den Knochen anzufügen, weil diese vielleicht durch eine unachtsame Bewegung nachträglich abgesplittert sind. Nein, man repariert den ganzen Knochen, fügt alle Teile wieder zusammen.
Das die Berufsgenossenschaft diesen Vorschlag unterbreitet, kann ich sogar nachvollziehen. Aus ihrer Sicht der Dinge sind sie für die Erlebnisse in meiner Kindheit nicht verantwortlich, was ja richtig ist, und warum sollten sie dafür die Kosten tragen?
Da dort überdies vermutlich keine ausgebildeten Traumatologen über die Kostenzusagen entscheiden, fehlt ihnen zudem sicherlich das notwendige Fachwissen, so dass eine solche Entscheidung für mich durchaus verständlich ist, wenn ich sie auch nicht gut finde.
Dass aber die Therapeutin bereit ist dem nachzugeben, erschreckt mich geradezu. Sie sollte es wirklich besser wissen. Hätte sie mir den Vorschlag unterbreitet einen anderen Kostenträger zu suchen, wäre das in meinen Augen ein adäquater Umgang mit der Problematik gewesen.
Mir aber einen solchen zum Himmel schreienden Unsinn vorzuschlagen, wohl wissend, dass es absoluter Blödsinn ist, sich nur um einen einzigen Teil zu kümmern, nur um mich als mögliche Klientin nicht zu verlieren, erschreckt mich zutiefst, und ich überlege ernsthaft ob ich den zweiten Termin überhaupt noch in Anspruch nehmen möchte. Hat sie überhaupt wirklich Ahnung von der Materie?

„Sie sind doch Traumatologin?“
„Ja.“
„Kennen Sie sich mit dissoziativen Störungen aus?“
„Ja, natürlich!“
„Auch mit DIS?“

„Selbstverständlich!“

„Sie lügt!“

Die Stimme in meinem Kopf ist deutlich. Sie stammt von der Frau, die auch schon mit Mutter telefoniert hat, sie nennt sich die ‚weiße Hexe', ich ignoriere sie aber zunächst einmal.

Die Therapeutin fragt mich gegen Ende der Stunde ob ich mir eine Zusammenarbeit mit ihr vorstellen kann. Ich lasse die Frage offen im Raum stehen und erbitte mir Bedenkzeit bis zur nächsten Woche. Da ich mir noch nicht ganz darüber im Klaren bin, sie nicht vielleicht doch einfach falsch verstanden zu haben, manche Dinge bekomme ich ja wirklich nur so halb mit, beschließe ich, ihr beim nächsten Termin noch einmal gepflegt auf den Zahn zu fühlen.

02. Oktober
13.25 h

Ich sitze im Garten und versuche meine Gedanken aufs Papier zu bringen. Bin mal gespannt wie lange es dauert bis wieder jemand stört.
Egal wie lange ich mit dem Schreiben auch warte, sobald ich damit beginne, ob nun im Tagebuch, oder am Computer, kommt garantiert Irgendjemand und hat Dringliches auf dem Herzen. Wenn ich also jemanden aus meiner Familie sehen will, muss ich nur einen Stift und meine Kladde zur Hand nehmen. Das klappt immer.
Meine ‚Sicherheitsverwahrung' führt so langsam aber sicher zu immer mehr Frustration. Ich will raus, und zwar allein.
Ich kann den Garten nicht mehr sehen. Kurz checke ich die Lage. Keiner in der Nähe, alle in ihren Zimmern.
Klammheimlich ziehe ich meine Schuhe an. Zur Sicherheit nehme ich einen der Hunde mit. Sollten alle Stricke reißen, wird er mich hoffentlich nach Hause führen.
Vorsichtig und ganz leise nehme ich meinen Haustürschlüssel aus der Schublade und schleiche mich aus dem Haus.
Ich laufe flott die Straße runter, nicht das noch jemand mein Weggehen bemerkt und mir heimlich hinterher rennt.

Mein Herz klopft, und ich komme mir vor wie ein Hühnerdieb.
Ich lenke meine Schritte Richtung Innenstadt. Wo will ich überhaupt hin? Keine Ahnung, erstmal weg.
Ich erreiche den Verteilerkreis der sich am Ortseingang befindet. Mein Hund trottet gemütlich neben mir, und ich überlege ob ich den richtigen Hund mitgenommen habe. Er ist an der Leine leichter zu händeln, aber auch entschieden trotteliger als unsere Hündin. Ob er mich wirklich nach Hause schaffen könnte?
Na ja, so dumm ist er dann wohl doch nicht.
Ich gehe weiter die Strasse runter und fühle mich mit jedem Schritt ein wenig besser.

Ich bin draußen, ganz allein. Keiner, der ständig nachsieht wo ich gerade stehe und was ich gerade mache, an die Badtüre hämmert um zu fragen ob alles okay ist, weil ich ja angeblich schon zwei Stunden in der Wanne liege, obwohl ich mich erst vor fünf Minuten reingesetzt habe. Oder war ich wirklich so lang im Wasser?

Gegenüber erblicke ich den Supermarkt. Ganz spontan beschließe ich hinein zu gehen.
Zu Hause habe ich bemerkt, dass wir keine Küchentücher mehr haben, die könnte ich ja direkt mitbringen.
Ein wenig mulmig ist mir schon bei dem Gedanken nun allein in den Markt zu gehen. Aber es ist eine gute Übung für mich. Ich kann mich schließlich nicht den Rest meines Lebens im Haus verkriechen. Ich leine den Hund draußen an, atme einmal tief durch und betrete das Geschäft.
Es ist ziemlich voll, das ist nicht so schön für mich. Ich bin noch keine fünf Meter im Laden, da spüre ich auch schon die aufkeimende Panik. Zu viele Menschen, furchtbares Gedrängel, hab große Schwierigkeiten hier noch den Überblick zu behalten, das war keine gute Idee hier rein zu gehen. Aber, auch damit muss ich umgehen können. Ich stürze zu den Küchentüchern, mit dem festen Vorsatz den Laden nicht ohne sie zu verlassen.
Da, ich sehe die Küchentücher, greife sie und im Vorbeirasen noch ein paar andere Kleinigkeiten, nun aber ab zur Kasse, ehe die Schlange zu lang wird.

Ich habe Glück und bin rasch an der Reihe. Etwas nervös suche ich das passende Geld raus. Mein Verhalten wirkt etwas planlos, und die Kassiererin schaut mich ratlos und irritiert an. Ich bemühe mich meine Fassade zu wahren und lächle sie gequält an.
Schnell das restliche Geld in die Tasche und raus. Draußen atme ich erleichtert auf. Ich bin nicht geswitcht, nicht im Laden jedenfalls. Ich nehme meinen Hund und ziehe ihn an die Seite.
Erst einmal 'ne kurze Pause. Ich zittere am ganzen Körper, aber ich fühle mich großartig. Ich war einkaufen, ganz alleine. Der Gedanke ist schön und er spendet mir neue Kraft.
Die brauche ich auch, denn ich muss ja wieder nach Hause. Eigentlich wollte ich spazieren gehen, aber das verschiebe ich lieber auf ein anderes Mal. Für heute reicht es mir. Ich war allein draußen, und ich bin nicht geswitcht, das allein zählt.
Wenn ich jetzt noch heil zurückkomme, bekomme ich vielleicht den Schlüssel für meinen Wagen zurück.

Etwas gehetzt mache ich mich auf den Rückweg. Ich bin stolz auf mich, aber nun werde ich doch etwas unsicher. Also flott weiter, ehe noch was dazwischen kommt. Zu Hause angekommen, greife ich in meine Jackentasche um meinen Schlüssel hervor zu holen, und …, halte eine Packung Kinderkaugummi in der Hand.
Wo kommt das denn her? Hab ich das gekauft? Lag das auf dem Band? Kann mich nicht erinnern.
Mist, also doch! Mir ist, als hätte mir jemand in die Magengrube geboxt. Mir wird richtig übel, und ich fühle mich als Versager.
Aber wann? Ich war doch immer klar …, dachte ich!
Jetzt leuchtet mir auch ein, warum die Verkäuferin so irritiert geschaut hat.

„Wer von Euch war das? Wer wollte das Kaugummi haben?"

Keine Antwort. Ist ja klar, will ja nie einer gewesen sein.

„Damit das mal grundsätzlich geklärt ist. Wir stehlen nicht! Wenn jemand etwas haben möchte, kann er das sagen, und ich besorge es dann, aber so geht es nicht. Auf gar keinen Fall!"

Ich tröste mich mit dem Gedanken, dass ich wohl **alles** bezahlt habe, denn sonst hätte man mich sicher im Laden festgehalten.
Aber dennoch, ich bin nicht ganz so gut zurechtgekommen wie ich geglaubt habe, und habe es noch nicht einmal bemerkt.
Puh, na ja, ich muss das ja nicht breit treten, und immerhin ich bin zu Hause angekommen, das zählt doch auch schon was oder?

03. Oktober
08.55 h
Habe gestern den ganzen Nachmittag an dem Script gearbeitet. Es hat mich nach meiner Pleite mit dem Spaziergang etwas abgelenkt. Während ich schreibe, denke ich nicht so viel über das Inhaltliche nach, und konzentriere mich eher auf grammatikalische und stilistische Inhalte, so ist es mir möglich auch Dinge zu erwähnen, die mich normalerweise völlig von den Socken hauen würden.
Es ist, als hätte ich auch während des Schreibens eine gewisse Distanz zu den Dingen. Es kommt mir nicht so vor, als ginge es bei dem Geschriebenen um mich.
Gegen Abend kam dann meine Tochter zu mir ins Arbeitszimmer. Sie wollte lesen, was ich bereits geschrieben habe. Nach kurzem Nachdenken, stimme ich zu. Sie ist beinahe sechzehn, und sie weiß ja, dass ich krank bin, erlebt mich täglich. Ich denke, sie hat ein Recht darauf ehrlich zu erfahren, was mit ihrer Mutter ist.
Sie beginnt zu lesen, und was sie liest, bewegt sie sichtlich. Natürlich macht es das, ich bin schließlich ihre Mutter.
Ich bleibe bei ihr, lasse sie nicht allein lesen, vielleicht braucht sie die ‚Mutter' noch.
Als sie fertig ist, lehnt sie sich zurück und atmet tief durch.

„Das ist gut Mädchen. Tief durchatmen, das hilft. Ich denke, es wäre nicht schlecht, wenn wir auch für Dich und Deine Brüder psychologische Unterstützung hätten! Ihr könnt es sicher gebrauchen. Mit einer solchen Geschichte, muss man auch als Angehöriger erst einmal umgehen können.“

Sie schaut mich aus großen Augen traurig an, und ich sehe ihre Wut und ihre Hilflosigkeit.

Sie braucht Unterstützung, auf jeden Fall, und ich muss dafür sorgen, dass sie diese auch erhält. Das kann sie nicht allein organisieren.

Ich bin die Mutter, und helfe meinen Kindern. ***Ich werde nicht versagen!***

Gegen dreiundzwanzig Uhr bin ich dann zu Bett gegangen.

04. Oktober
04.00 h
Ich bin wieder wach. Tausend Dinge, die ich eigentlich schon längst erledigt haben wollte, schießen mir mit einem Mal wieder in den Kopf. Dinge, die ich inzwischen wieder völlig vergessen hatte. Plötzlich sind sie wieder präsent. Jetzt, mitten in der Nacht.
Es wäre schön gewesen wenn ich sie noch für wenigstens drei weitere Stunden vergessen hätte, aber nein, irgendetwas drängt mich dazu jetzt endlich zu erledigen, was ja schon lange ansteht.
Ich bemühe mich nach Kräften, aber es gelingt mir nicht länger diese 'Wichtigkeiten' zu ignorieren.
Wer auch immer da gerade so eilfertig um die Erledigung bemüht ist, gibt keine Ruhe.
Also, raus aus dem Bett.

„So, was gibt es denn nun so dringendes zu tun? Wie, Kerstin anrufen? Nein, das geht auf keinen Fall, sie schläft jetzt, garantiert! Das würde ich im Übrigen auch gerne. Neue Listen schreiben? Och nöööö, nicht jetzt, sorry, aber ich bin echt noch nicht konferenzfähig!
Den Krankenhausbericht von 2005 raus suchen? Hat das nicht bis acht Uhr Zeit? Nein? Na meinetwegen, dann eben gleich. Jaaaaa, ich gehe ja schon!"

Im Flur begegnet mir mein erwachsener Sohn.

„Mit wem redest Du da Mum?"
„Ach nix, ist intern."

Er grinst mich schief an.

„Ja, wenn Du meinst!"

Noch einmal durchsuche ich alle Aktenordner im Arbeitszimmer, ohne zu einem zufriedenstellenden Ergebnis zu gelangen.
Dann fällt mir ein, dass ja im Keller noch Kartons mit alten, aussortierten Papieren stehen. Vielleicht ist der Bericht ja dabei?
Ich latsche in den Keller, immer noch ziemlich angefressen, weil man mich zum Suchen zwingt. Ich könnte jetzt nicht mehr schlafen, selbst wenn ich wollte, weil mir die gut strukturierte, alles sofort erledigende ‚Frau Ordnungsliebend' eh keine Ruhe mehr ließe.
Ich suche und suche, aber ich finde den Bericht auch im Keller nicht. Dafür sind mir Dinge entgegen gesprungen, die ich längst schon vergessen hatte.
Darunter auch einige Briefe vom Versorgungsamt, einschließlich des Ablehnungsbescheides des Antrags auf Opferentschädigung.
Es wäre sicher besser gewesen, ich hätte die Begründung nicht noch einmal gelesen, aber, ich hab es getan. *Blöde Kuh!*
Das letzte, an das ich mich noch erinnere, ist eine Flasche Putzmittel, die im Keller auf der Heizung stand. Ich muss wohl direkt drauf gestarrt haben, als das Licht ausging.

10.50 h
Lieber Gott, so hilf mir doch endlich! Ich habe doch immer an Dich geglaubt. Warum lässt Du es zu, dass ich so viele Jahre immer wieder gequält werde? Erst real, und jetzt durch diese Gefühle, die scheinbar keinen Grund haben.
Ich habe solche Angst, Todesangst, bin so schrecklich verzweifelt, und immer das Bewusstsein, dass ich nichts, rein gar nichts dagegen machen kann. Es wird niemals aufhören, nie, nie, nie …!

Ich bin klein, mein Herz ist rein, soll niemand drin wohnen, als Jesus allein. Ich bin auch heute ganz artig gewesen. Dann darf man gar nicht schimpfen und hauen. Ich verspreche auch nichts zu sagen. Ehrlich! Ein kleiner Hund darunter, Susi?
(Tagebucheintrag in Kinderschrift)

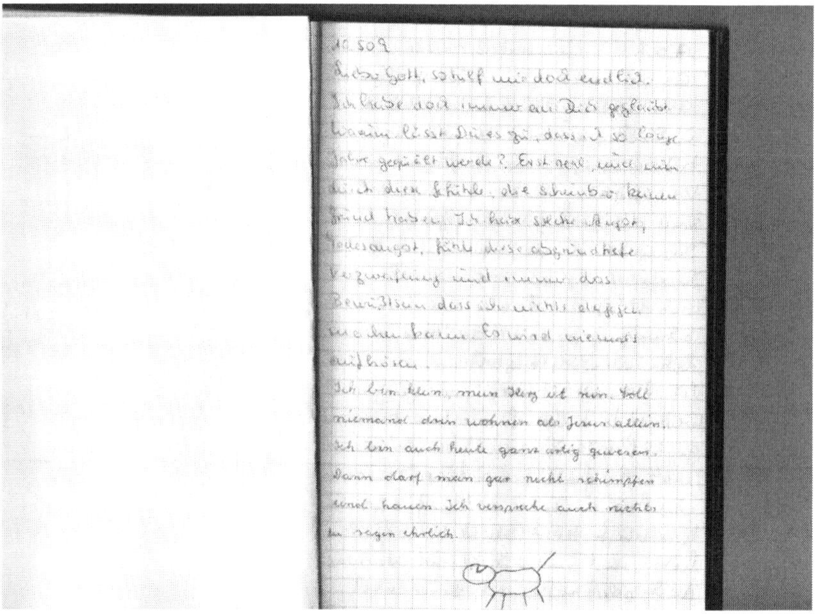
Lieber Gott, so hilf mir doch endlich.
Ich habe doch immer an Dich geglaubt.
Warum lässt Du es zu, dass ich so lange
Jahre gequält werde? Erst jetzt, wo [illegible]
[illegible] durch Gefühle, die scheinbar keinen
Grund haben. Ich habe solche Angst,
Todesangst, fühle diese abgrundtiefe
Verzweiflung und immer das
Bewußtsein dass ich nichts dagegen
machen kann. Es wird niemals
aufhören.
Ich bin klein, mein Herz ist rein. Soll
niemand drin wohnen als Jesus allein.
Ich bin auch heute ganz artig gewesen.
Dann darf man gar nicht schimpfen
und hauen. Ich versuche auch nichts
zu sagen ehrlich.

Originalseite des Tagebuches

17.00 h

Schlecht geht's, um nicht zu sagen sehr schlecht. Ein wahrhaft übler Tag. Panik, Verzweiflung, Aussichtslosigkeit, das übliche Programm. Konzentration gleich null, werde hin und her geworfen, dazwischen immer wieder nichts.

Habe ein wahres Inferno im Kopf. Lautes Brummen, furchtbare Schmerzen, jedoch nichts Greifbares.

Lähmende Hilflosigkeit.

Ich höre sie schreien, von ganz tief unten, und ihre Stimmen klingen schrecklich gequält, sie schreien, weinen, wimmern, es ist einfach nur grauenvoll! Ein Horrorfilm ist eine Komödie dagegen.

Ich will nicht mehr. Will sie nicht mehr hören. Möchte weglaufen, aber wohin? Sie kommen alle mit, ich werde sie nicht los. Werde sie niemals los. Nie, niemals …!

Lieber Gott, wirf doch bitte einen Blitz vom Himmel, und lass mich endlich sterben!

Der Himmel weint: gemalt von ‚Helen'

05. Oktober
21.36 h
So langsam geht es wieder. Langsam, ganz langsam finde ich meine Fassung wieder. Die letzten beiden Tage waren ein Albtraum, den ich nicht noch einmal näher ausführen möchte. Das Schlimme daran, ich selbst habe mich in diese Situation hineinkatapultiert. Niemanden außer mir selbst, kann ich dafür verantwortlich machen.
Schmerzhaft ist mir bewusst geworden wie wichtig es ist, achtsamer mit mir umzugehen.
Das Leben gleicht für mich einem Minenfeld, und ich muss lernen, mir jeden Schritt den ich gehe, vorher sehr genau anzusehen.

06. Oktober

04.30 h

Bin aufgewacht und finde mich nur mit Unterhose und T-Shirt bekleidet im Garten wieder. Liebe Güte, es ist rattenkalt, ich hoffe, ich bin noch nicht so lange draußen. Das Letzte was ich noch brauche, ist eine Erkältung, die hatte ich erst gegen Ende meines stationären Aufenthaltes. Und was für eine! War nicht so witzig.

Bin nach den vergangenen Tagen ziemlich erschöpft gewesen und daher gestern schon um zweiundzwanzig Uhr zu Bett gegangen.

Erschöpft bin ich aber immer noch, kommt mir nicht so vor, als hätte ich lange geschlafen. Mal überlegen, Judith hatte den Fernseher an als ich ins Bett kam, und dann … ach, was soll's, ich komm ja doch nicht drauf, das hatten wir doch alles schon.

Ich flitze schnell ins Haus, und rolle mich in eine Decke. Noch schnell eine heiße Milch mit Honig, zum Aufwärmen, dann gehe ich wieder ins Bett. Es wird gleich hell, dann kann ich hoffentlich schlafen.

14.30 h

Dieter, ebenfalls ein ehemaliger Mitpatient aus der Klinik, und gleichfalls schwer traumatisiert, hat mich eben angerufen. Eigentlich ist er noch immer am Telefon. Er redet aber im Moment mit Judith. Er erzählt etwas von seiner Geschichte, weil ihm das Herz so voll ist, dass sein Mund überläuft.

Das kann ich mir nicht anhören. Das ginge gar nicht.

Ich mag ihn sehr, er ist ein ganz feiner Mensch, der auch Schreckliches erlebt hat. Leider wohnt er nicht in meiner Nähe, so dass wir nur telefonischen Kontakt haben können.

Er ist genauso wütend wie ich darüber, dass wir als Opfer so schlecht behandelt werden in diesem Staat.

Die Täter bekommen alles, aber wir Opfer müssen um alles kämpfen, es ständig aufs Neue beweisen, und bei allem, was wir haben wollen, im wahrsten Sinne des Wortes wieder ‚die Hosen runter lassen'

Trotz allem, wird man dann immer zunächst mal wie ein Simulant behandelt. Die Glaubwürdigkeit wird von vorne herein erst einmal grundsätzlich in Frage gestellt.

Davon haben wir wirklich genug. Es gibt Gesetze, die uns schützen sollen, einen Ausgleich schaffen sollen, für das uns zugefügte Leid.

Es werden nicht so viele Anträge auf Opferentschädigung abgelehnt, weil die Antragsteller sich die Geschichten aus den Fingern saugen, sondern weil man ihnen die Beweislast auferlegt.
Da eine Störung wie beispielsweise die DIS aber oft erst nach etlichen Jahren oder sogar Jahrzehnten auffällig wird, und zudem die Verbrechen nicht selten im Familien oder Bekanntenkreis stattfanden, ist es beinahe unmöglich einen Beweis zu erbringen.
Es hat ja schon damals Niemand etwas gesehen, und wenn, dann will sich heute keiner mehr die Blöße geben, und sein ‚Wegsehen' einräumen.
Die mangelnde Erinnerungsfähigkeit, die ja ein Symptom der Erkrankung ist, wird dem Antragsteller dann zusätzlich negativ ausgelegt.
„Es kann so gewesen sein, muss es aber nicht, so richtig erinnern können Sie sich ja selber nicht"

Und damit auch ja gar nichts mehr schief läuft, wird sicherheitshalber die Erkrankung, die ja an sich bereits ein **Indiz** für die Taten ist, vorsorglich erst einmal als Beweismittel ausgeschlossen.
Das haben die hohen Herren und Damen sich wirklich clever ausgedacht.

Du hast keine Chance, also nutze sie!

15.45 h

Diese Zeichnung finde ich am Nachmittag in meinem Tagebuch:

Bild von ‚Marie'

Ich schreibe darunter:

Hallo Marie,
das ist aber ein hübsches Bild. Ich freue mich, dass du es gemalt hast. Schön, das du dich mal wieder bei mir meldest. Ich hoffe es geht dir gut. Magst du mir erklären, was da neben dem Segel ist? Ist das vielleicht eine Boje oder ein zweites Segel?
Oder bist du das?

18.50 h
Keine Antwort, mal wieder nicht. Sie melden sich kurz, blitzen hervor, und dann nichts mehr. Kein direkter Kontakt. Ich bekomme es einfach nicht hin.

07. Oktober
16.20 h
Heute war mein Betreuer bei mir. Verschiedene Dinge müssen dringend erledigt werden, es gab viel zu besprechen.
Es geht mir heute nicht so gut. Er hat es sofort erkannt, und glaubt nicht, dass eine ambulante Therapie im Augenblick ausreichend für mich ist. Am liebsten sähe er mich wieder in einer Klinik, Judith übrigens auch.
Aber ich bin doch eben erst entlassen worden!
Ich glaube, sie wollen mich nur in einer Klinik unterbringen, weil ich ein wenig anstrengend bin. Aber was soll mir das bringen? Sicher, es geht mir oft sehr schlecht, aber das wird es in der Klinik auch, nur zu Hause bekommt es dann eben Niemand mehr mit. Sie können es nicht mehr ertragen, ich bin ihnen wohl zu viel geworden. Zu viel, hm, ein Wortspiel mit bitterem Nachgeschmack, wenn man die Gesamtumstände sieht.
Zum Glück zwingt mich mein Betreuer nicht, er lässt mich selber entscheiden, legt es mir aber dringend ans Herz. Ich habe großes Glück mit ihm. Er respektiert mich und redet mit mir wie mit einer ganz normalen Erwachsenen. Er behandelt mich nicht, als hätte ich nicht alle Pferde im Rennen, spricht alles mit mir ab, und zwingt mich niemals zu irgendetwas. Dafür bin ich ihm sehr dankbar. Ich verspreche ihm, darüber nachzudenken.

08. Oktober
05.45 h
Unruhige Nacht, es geht gar nicht gut. So durcheinander, alles so weit. Wate durch Nebel, gefangen in der Unwirklichkeit. Kann kaum die Buchstaben erkennen. Hilfe, will raus hier, gibt kein Entkommen.

09.30 h
Etwas klarer, was bleibt ist die innere Getriebenheit. Nichts ist gut, kein Ort ist sicher. Angst umschließt mich wie ein Kokon, dringt in mich ein, füllt mich vollständig aus, lähmt, macht handlungsunfähig.
Tränen, die nicht kommen können, weil sie nicht dürfen, niemals geweint, ersticken mich. Bekomme keine Luft. Ein verlorener Kampf, wozu ihn noch kämpfen? Kostet so viel Kraft. Es gibt kein Entkommen, niemals, nie, nie, nie …!

Alles ist so weit weg. Nichts ist echt. Können kaum sehen, aber sie sind alle da, und beobachten. Man kann ja gar nichts machen. Gar nichts außer aushalten. Mach was, hilf uns doch endlich! (Tagebucheintrag in anderer Schrift)

11.20 h
Mein Gott, was soll ich darauf nur antworten?
Das überfordert mich jetzt aber mal richtig!

18.05 h
Heute Nachmittag hatte ich den zweiten Termin bei der Therapeutin. Wie erwartet, hat sie mich direkt danach gefragt, ob ich es mir überlegt hätte mit ihr zu arbeiten.
Es irritiert mich etwas, dass sie bereits so früh auf eine Entscheidung von mir drängelt. Habe ich nicht fünf Stunden Zeit es mir in Ruhe zu überlegen? Bereits beim letzten Mal, in der ersten Stunde wollte sie schon eine Zusage haben.

„Nun, ich sag's mal so, ich habe mir sicher Gedanken gemacht. Wenn wir arbeiten, sollte es alles beinhalten. Ich glaube nicht, dass es mir gelingt die verschiedenen traumatischen Erlebnisse zu trennen."

Noch ehe ich weiter reden kann, unterbricht sie mich:

„Das glaube ich auch nicht. Darum habe ich noch mal mit der Dame von der Berufsgenossenschaft gesprochen und ihr die Problematik geschildert. Sie glaubt auch nicht, dass eine Trennung möglich ist. Ich habe eine Kostenzusage für Ihre Therapie für zunächst einmal zwei Jahre von ihr erhalten. Ich glaube aber, dass Sie auch damit nicht auskommen werden. Darum würde ich gerne jetzt schon bei Ihrer Krankenkasse Bescheid sagen, dass in zwei Jahren eventuell die Kosten von ihnen weiter getragen werden müssten!"

Aha, na das klingt aber mal ganz anders als letzte Woche. Woher auch immer sie plötzlich die Erkenntnis haben mag, für mich ist es gut. Sie fährt fort:

„Könnten Sie es sich denn generell vorstellen mit mir zu arbeiten?"

Schon wieder! Das zweite Mal in den ersten drei Minuten. Ich fühle mich etwas bedrängt, unter Druck gesetzt. Das gefällt mir gar nicht. Was soll denn diese Drängelei? Sie hat mir noch nicht einmal erklärt wie sie sich denn das Arbeiten konkret mit mir vorstellt. Das will ich mal als erstes wissen jetzt. Ich wollte ihr ja ohnehin auf den Zahn fühlen.

Nun kommt meine große Stunde. Ich will ihr keine Vorlage geben, an Hand derer sie sich eventuell ganz schnell ein neues Muster zusammen stricken könnte. Sie soll sich selbst erklären. Gibt sie genau das wieder, was ich letzte Woche zu verstehen geglaubt habe, nehme ich meine Tasche und das war es dann. Ich stelle mich dumm:

„Wie sähe denn die Therapie konkret aus? Ich meine, Sie haben da letzte Woche von einem unverletzten Ich gesprochen. Das habe ich nicht ganz verstanden. Was meinten Sie denn damit?"

„Ja, wissen Sie. Jeder Mensch hat auch einen unverletzten Anteil in sich, ich auch, und Sie auch. Diesen müssen wir als erstes stabilisieren."

Aha, das meint sie, na das klingt doch schon ganz anders. Ich merke, wie ich mich langsam entspanne.

Sie redet weiter, erklärt noch etwas konkreter. Dann zu guter Letzt:

„Sind denn alle Anteile bei Ihnen mit einer Therapie einverstanden?"

Danke, auf die Frage habe ich gewartet. Also, es geht doch!

„Ich weiß es nicht."

„Hören Sie doch mal eben nach!"

Ich lausche nach innen. Die Gruppe der Unangenehmen, unter ihnen der Anführer, ich nenne ihn ‚Teufel' schreit, noch ehe ich die Frage im Geiste zu Ende formulieren kann, sofort los:

„Wehe, du sagst was, und keine Therapie, nie, nie, niemals, hast du das verstanden? Bla, bla, bla, usw …"

Ich höre gar nicht mehr richtig hin. Pfft, der kann mich mal, ich bin hier der Chef.

„Alle einverstanden!", sage ich der Therapeutin.

„Na dann können wir ja gleich ein paar Termine ausmachen."

Es wäre entschieden besser gewesen, wenn ich mich, statt in maßloser Arroganz nur auf einen Fehler der Therapeutin zu lauern, lieber zusätzlich ein wenig mehr auf meine eigene Fehlbarkeit konzentriert hätte.
Dann hätte ich nicht so einfach meine Zustimmung für uns alle gegeben, und mich mal eben auf den Chefsessel geschwungen, denn im Grunde ahnte ich schon, dass ich die Anderen nicht einfach übergehen darf.
Aber irgendwie dachte ich, mit eben der gleichen Arroganz, dass ich das große Sagen habe, und sich alle anderen gefälligst unterzuordnen hätten.
Ein grober Fehler, wie sich schon sehr bald herausstellt.

Trotz der Missverständnisse, die ja nun scheinbar ausgeräumt wurden, habe ich ein ungutes Gefühl, wofür nicht zuletzt meine ‚weiße Hexe' verantwortlich ist.

„Da hat sie sich wohl in der vergangenen Woche erstmal informiert wie man das so anfängt, denke ich. Sie hat heute ganz anders geredet als beim letzten Mal."

„Vielleicht hast Du sie aber auch einfach wirklich falsch verstanden."
„Nein, sie hat gelogen, das habe ich gesehen. Sie hat keine Ahnung von DIS. Ich habe mich nicht geirrt. Vertrau mir, lass uns nach jemand Anderem suchen."
„Nach wem denn? Wo soll ich die denn hernehmen, bitteschön? So viele Alternativen gibt es da nicht, das weißt Du doch ganz genau. Ich denke wir probieren es mal aus. Wir können das immer noch absagen."
„Hör auf mich, lass die Finger von ihr, sie ist nicht gut für uns, außerdem hast Du gelogen. Es sind noch lange nicht alle einverstanden. Das war gar nicht gut."
„Ach die werden schon mitmachen, wenn sie erstmal sehen, dass jetzt alles besser wird."
„Na, wenn Du Dich da mal nicht täuschst",

unkt sie weiter, aber ich ignoriere ihre Stimme, und mache zwei neue Termine aus.
Ich habe kaum die Praxis verlassen, da geht es auch schon los.

Achtung: Mögliche Trigger. Betroffene sollten den nächsten kursiv gedruckten Abschnitt nur bei ausreichender Stabilität lesen!

„Du wirst nie, nie, niemals Irgendjemandem davon erzählen, und keine Therapie, das ist mein Ernst, sonst …, du weißt schon was dann passiert! Ich habe es dir gesagt. Also, vergiss nicht, niemals, hast du das verstanden? Niemals, hast du das verstanden? Niemals, hast du das verstanden? …"

Mein ‚Teufel' tobt. Er ist rasend vor Wut und schreit wie ein Wahnsinniger. Seine 'Gruppe' unterstützt ihn dabei.

„Was soll denn schon passieren? Was willst du denn dagegen machen?"
„Das wirst du dann schon sehen."

Er schießt nach vorne, und im nächsten Augenblick bekomme ich das volle Ausmaß seines Hasses zu spüren.

Die Gefühle, die er mir überträgt, sind so übermächtig, dass es mir fast die Sinne raubt. Augenblicklich spüre ich eine rasende Wut, einen ohnmächtigen Hass, und von einer Sekunde zur nächsten weiß ich, der meint es wirklich, wirklich ernst.
Der Drang mich zu verletzen, mir zu schaden, ist so gewaltig, dass es mich eine schier übermenschliche Kraft kostet dem nicht sofort nachzugeben.
In meinem Inneren brodelt es, die Lunte brennt, ein falsches Wort, und in meinem näheren Umkreis, gäbe es nur noch verbrannte Erde!
Mit einem Mal habe ich es glasklar vor mir. Mein 'Teufel' ist wirklich ein Teufel, ein Satan, und er ist brandgefährlich.

Ich, bin gefährlich!

Achtung: Mögliche Trigger. Betroffene sollten den nächsten kursiv gedruckten Abschnitt nur bei ausreichender Stabilität lesen!

„Du wirst nie, nie, niemals Irgendjemandem davon erzählen und keine Therapie, sonst …, du weißt schon was dann passiert! Ich hab's dir gesagt. Also, vergiss nicht, niemals, hast du das verstanden? Niemals, hast du das verstanden? Niemals, hast du das verstanden? …"

Jetzt habe ich wirklich ein Problem!
Den Weg nach Hause schaffe ich nur unbeschadet, weil ich ihm schnell verspreche die Situation sofort zu klären, und die Therapie abzubrechen.
Nun hocke ich hier in meinem mal wieder selbst geschaffenen Dilemma, und überlege fieberhaft, wie ich das wohl wieder in die Reihe bekommen kann.
Die Nachwirkungen seiner Wut sind noch immer spürbar, ich drücke meinen Igelball mit derartiger Heftigkeit zusammen, dass er komplett in meiner Handfläche verschwindet.
Bisher war mir nicht klar, dass ich über ein solches Ausmaß an Kraft verfüge.

„Bist Du jetzt zufrieden?“

Meine ‚weiße Hexe' meldet sich zurück. Vielleicht wäre es keine schlechte Idee gewesen sie um Hilfe zu bitten, aber ich bin sauer, weil sie Recht hatte und es auch noch so deutlich zeigt.

„Ach verzieh Dich, lass mich mit Deinen Unkenrufen in Ruhe. Ich krieg das schon hin“,

beschimpfe ich sie, aber im Grunde habe ich keine Ahnung wie ich das jemals wieder in Ordnung bringen soll. Nur darüber möchte ich mir heute keine Gedanken mehr machen. Für heute bin ich einfach nur froh, dass er sich zumindest für den Augenblick in den Hintergrund zurückgezogen hat.
So habe ich Gelegenheit in Ruhe meine nächsten Schritte zu planen, aber er lauert und beobachtet mich ganz genau, bereit sofort zuzuschlagen wenn ihm was nicht passt.
Versuche mich jetzt erstmal etwas auszuruhen. Der Tag war anstrengend. Und wie!

10. Oktober
14.35 h
Es wird nicht besser. Gestern ging gar nichts, nicht mal schreiben. Habe den ganzen Tag versucht eine Lösung zu finden, aber so wirklich Konstruktives ist mir nicht eingefallen. Es ist auch nicht wirklich leicht sich was Gutes einfallen zu lassen, wenn man so massiv unter Druck gesetzt wird.
Für ihn ist es überdies auch gar nicht nötig eine Lösung zu finden. Er hat seine Lösung bereits. Therapieabbruch! Was Anderes kommt gar nicht in Frage.

16.20 h
Ich bin eben an unserer Haustüre vorbeigelaufen. Darin befindet sich ein mannshoher Spiegel.
Lieber Himmel, wer hat mir denn andere Sachen angezogen?

Ich trage ein Latzröckchen aus Jeans, eine Strumpfhose, und habe die Haare wie ein kleines Mädchen gekämmt.
Nun aber schnell nach oben und umziehen, das geht ja gar nicht.
Überhaupt bin ich wieder ziemlich chaotisch unterwegs. Will alles gleichzeitig, malen, schreiben, muss Kerstin anrufen, lange nichts gehört, geht's ihr gut?
Kann nichts anfangen, weil ich nicht weiß was zuerst, und jeder will der erste sein.

11. Oktober
10.40 h
Im Moment scheint nichts Produktives machbar. Versinke im völligen Chaos und absoluter Strukturlosigkeit. Fasse mich kurz, habe kaum Zeit, die wenigen klaren Augenblicke nutze ich zur Analyse. Was ist los? Warum geht nichts mehr?
Tag und Nacht, ständig unterwegs, getrieben von nichts. Hilflosigkeit die ohnmächtig macht. Ergebe mich, warte ab, wann wird es besser?

Darf ich auch mal mit dem Esel spielen? Der ist so weich. (Tagebucheintrag in Kinderschrift)

Das ist 'ne gute Frage. Da musst du mal ‚Laura' fragen. Es ist ihr Esel. Vielleicht leiht sie ihn dir mal aus. Falls nicht, sag mir doch einfach wer du bist, dann schenke ich dir auch ein Kuscheltier, nur für dich allein. Wäre das was?

12. Oktober
12.09 h
Mein ‚Teufel' treibt nach wie vor sein Unwesen. Er schimpft und schreit und droht uns alle zu vernichten. Die 'Kleinen' haben mächtig Angst vor ihm, zwar sind sie damit nicht die Einzigen, aber um sie tut es mir besonders leid.
Ich überlege fieberhaft wie ich sie wohl beruhigen könnte. Eine Spielecke existiert ja bereits, aber offensichtlich haben sie im Augenblick zu viel Angst um herauszukommen und sie zu nutzen.

Fernsehen? Das machen doch alle Kinder gerne. Ich zappe durch die Programme in denen Kinderfilme gezeigt werden, aber was da heutzutage gezeigt wird, interessiert meine ‚Kleinen' scheinbar gar nicht. So was kennen sie nicht, und es irritiert sie mehr als dass es sie beruhigt. Meine ‚Kleinen' sind ja nun auch schon einige Tage älter, und scheinbar irgendwie in der Zeit eingefroren, und so überlege ich was es denn damals wohl Spannendes für Kinder gab.
Pumuckl, Biene Maja, Pippi Langstrumpf? Drei Haselnüsse für Aschenbrödel und überhaupt diese alten Märchenschinken.
AHHH, es tut sich was, ich spüre deutlich, dass ich damit den Nerv getroffen habe.
Na prima, dann bestelle ich doch mal was davon.
Bei einem Internet-Auktionshaus werde ich rasch fündig. Aschenbrödel ist bestellt und bezahlt, aber nun bitte nicht quengeln, einige Tage wird es sicher noch dauern bis geliefert wird.
Die Vorfreude der ‚Kleinen' ist deutlich spürbar, dieses aufregende Kribbeln, wenn man als Kind seinen Geburtstag kaum noch erwarten konnte. Einige tuscheln untereinander. Ich lehne mich zurück, und schließe meine Augen. Zumindest hierbei, scheine ich auf dem richtigen Weg zu sein.
Ich muss einfach das machen, was bereits meine Eltern vor Jahren hätten tun sollen. Sich kümmern, trösten, zuhören, in den Arm nehmen, Liebe zeigen und vor allem, für Sicherheit sorgen.
Manchmal sicher auch Grenzen setzen, nicht alles erlauben, was gewünscht wird. Ich muss Mutter sein, für meine eigenen kleinen Kindanteile.
Eine völlig verrückte Vorstellung, sich selber großzuziehen. Besser nicht darüber nachdenken!
Hoffentlich bin ich dieser Aufgabe gewachsen.
Aber, was mache ich mit den Erwachsenen und vor allem mit den aufmüpfigen Anteilen, allem voran dem ‚Teufel'?
Ich habe keinen Schimmer, aber ich muss eines nach dem anderen angehen. Alles auf einmal wäre zu viel. Ich kann nicht in einer Woche ins Lot bringen, was beinahe fünfundvierzig Jahre schief gelaufen ist. Step by Step, und nicht überfordern, damit ist keinem gedient.
Aber den ‚Teufel' kann ich nicht verschieben, darum muss ich mich sofort kümmern, der duldet keinen Aufschub.

Ich habe nur leider immer noch keine Ahnung wie!

19.35 h
Habe Judith davon berichtet, dass die ‚Kleinen' die alten Kinderfilme mögen und ich einen bestellt habe.
Später ist sie in die Stadt gefahren und hat für die ‚Kleinen' drei DVD's mitgebracht.
Gullivers Reisen, Popeye und Pippi Langstrumpf.
Pippi, hat eine wahre Flut von Begeisterungsstürmen hervorgerufen. Ich fühle, wie sie vor Freude hüpfen und den Film am liebsten sofort anschauen wollen.

13. Oktober
14.00 h
Die Nacht war sehr unruhig. Möchte tausend Dinge machen, alle gleichzeitig. Sie können sich mal wieder nicht einigen, und streiten um die zur Verfügung stehende Zeit. Jeder will sein Ding machen, keiner gibt nach, und so vergeht der Tag, ohne dass etwas wirklich Sinnvolles dabei zustande kommt.

„Ihr müsst Euch schon einigen. Wir haben nur einen Körper, also ohne Absprachen wird das nicht gehen."

Vielleicht sollte ich mal so etwas wie einen Stundenplan erstellen, wo Jedem eine gewisse Zeit eingeräumt wird. Das setzt aber voraus, dass ich auch endlich mal eine anständige Verbindung bekomme, wie sonst soll ich denn Absprachen treffen?
Der ‚Teufel' wird nun richtig unangenehm. Er hat mir eine Frist gesetzt, die Sache zu bereinigen, ansonsten würde er mir schon zeigen, zu was er fähig sei.
So langsam macht mich sein Verhalten auch ziemlich wütend. Was bildet er sich denn eigentlich ein? Zugegeben, ich hätte ihn fragen sollen und nicht einfach selber entscheiden, aber was er da macht, ist ja auch nichts anderes als die Entscheidung allein zu treffen.
Ich bin mir auch gar nicht mehr so sicher, ob ich das wirklich alles so ernst nehmen soll. Was kann er schon machen?

Es kommt mir irgendwie lächerlich vor, mit mir selber Absprachen zu treffen.

Meine Mutter muss ich auch noch zurückrufen. Habe nun schon seit Wochen nicht mehr mit ihr geredet. Sie hat mehrfach versucht mich zu erreichen, ich habe mich aber immer verleugnen lassen. Etwas in mir warnt mich davor mit ihr zu reden, aber ich brauche sie ja noch und darf sie nicht verärgern, damit sie mir hilft.*
Egal wie ich die Dinge drehe, es endet alles in einem Dilemma.
Schreiben, malen, telefonieren, spielen, fernsehen, ausruhen, etc. Wo fange ich an? Wann gebe ich wem Zeit, und wie viel?

„Nun mach mal als erstes einen Plan. Dann sehen wir weiter. Einteilen kann man dann immer noch.“

Jawohl, ‚Frau Ordnungsliebend', wird sofort erledigt.
Nicht, das wir das wieder nachts machen müssen.

17.45 h
Wochenplan fertig. Nun kann ich mir jeden Tag überlegen, wem ich Zeit einräume, oder sie tragen sich selber ein, was auch machbar wäre.
Dann müsste ich nur darauf achten, dass sich niemand einfach zu viel nimmt. Habe den ‚Kleinen' eben Pippi Langstrumpf angemacht. Sie waren völlig aus dem Häuschen, haben sich wirklich sehr gefreut. Ich spüre die Freude noch in mir pulsieren.
Ich selber habe von dem Film allerdings nur noch wenig mitbekommen.
Ich frage mich, ob ich je wieder einen Kinderfilm zu Gesicht bekommen werde.
Obwohl ich die ganze Zeit über im Bett lag, bin ich erschöpft und gerädert. An dieses Gefühl, danach wie betrunken zu sein, muss ich mich auch erst einmal gewöhnen, echt ätzend.
Vielleicht gelingt es mir ja wirklich mal zu schlafen, während sie Filme schauen, das wäre dann richtig gut genutzte Zeit.

*Zu dem Zeitpunkt bin ich noch immer davon ausgegangen, dass meine Mutter keine Ahnung hatte und mir irgendwann sicher helfen würde. Ein Irrtum wie sich später herausstellte.

14. Oktober
03.00 h
„Der rote Hund bellt die ganze Zeit. So kann man ja gar nicht schlafen. Kann da nicht mal jemand für Ruhe sorgen?“ (Tagebucheintrag in anderer Handschrift)

Ja, der Meinung bin ich auch. Schlimm!

06.30 h
War keine gute Nacht, oft wach, hatte Kopfschmerzen, im Grunde das normale Programm. Fühle mich gerädert. Im Kopf ist ein ziemlicher Tumult, können uns mal wieder nicht einigen.
Erstmal einen Kaffee für Judith machen.

22.57 h
Habe heute wieder den ganzen Tag an meinem Script gearbeitet. Dabei habe ich eine meiner Erinnerungen beschrieben. Obwohl ich beim Schreiben eine gewisse Distanz zum Inhalt habe, ist mir diese Beschreibung nicht so gut bekommen.
Bin bereits den ganzen Abend von ziemlicher Unruhe getrieben, und verliere immer wieder Zeit.
War wohl keine so gute Idee, doch die Erkenntnis kommt zu spät. Ich hoffe, die Nacht wird nicht noch schlimmer. Ein wenig graut es mir davor. Die Nächte sind ohnehin nicht gerade meine Freunde.

15. Oktober
09.00 h
Habe geschlafen wie immer. Nicht gut, aber auch nicht so schlecht wie befürchtet. Am Morgen habe ich mich ein wenig über meine ‚Pseudofreundin' – inzwischen kann ich sie nicht mehr anders nennen – geärgert. Bereits vor einigen Wochen hat sie mir schon ziemlichen Stress bereitet. Nun ist sie mal wieder deutlich über das Ziel hinaus geschossen. Aus, das war es nun für mich, eine dritte Chance gibt es nicht. Sie mag sich ausleben, wo immer es ihr beliebt, aber nicht bei mir.

Ich fühle mich einfach nicht stark genug, ihren Narzissmus zu bedienen. Ich habe das Buch endgültig zugeklappt und wünsche ihr noch ein schönes Leben!

14.00 h

Den Rest des Vormittags habe ich wieder an dem Script gearbeitet. Nun sitze ich im Garten. Im Gegensatz zu den letzten Tagen, ist es heute recht mild, und so nutze ich das Wetter, angeblich sehen wir einem strengen Winter entgegen.

Das Schreiben tut mir gut, aber es erschöpft mich auch sehr. Es dauert oft sehr lange, bis ich alles richtig geordnet habe, weil mir immer noch häufig die Konzentration fehlt.

Immer wieder lese ich nach, sortiere Buchstabe für Buchstabe, formuliere Worte, die sich zu Sätzen, und schließlich langsam zu einer Geschichte zusammen fügen.

Dazwischen immer wieder einige ‚Ausreißer' meiner ‚Sternschnuppen'. Ich baue sie bewusst mit ein, schließlich ist es unser aller Geschichte, dazu soll sich jeder äußern dürfen.

18.45 h

Keine Ruhe in diesem Haus. Irgendjemand hat immer etwas zu nölen, und wenn es nur die Hunde sind. Egal wohin ich mich verkrieche, sie finden mich, garantiert.

Und wieder ist es mit der Konzentration dahin, wieder finde ich den Anschluss nicht, suche nach dem Faden.

Manchmal möchte ich am liebsten weglaufen, doch es gibt keinen Ort, zu dem ich fliehen könnte.

Mein Stundenplan funktioniert auch nicht. Niemand hält sich daran. Sie machen was sie wollen, und wann sie es wollen, da kann ich meckern so viel ich will.

Die Streitigkeiten gehen lustig weiter, und so verlieren wir immer mehr kostbare Zeit. Sie läuft uns einfach davon, dabei gibt es so vieles zu tun. Kerstin habe ich auch schon so lange nicht mehr angerufen. Bin einfach nicht dazu gekommen. Ich habe schon ein schrecklich schlechtes Gewissen, aber leider keine Lösung parat.

16. Oktober
03.45 h
Kann mal wieder nicht schlafen. Fühle mich schrecklich bedrängt. Mein ‚Teufel' lässt mir einfach keine Ruhe mehr. Je näher der Tag der nächsten Therapiestunde rückt, umso schlimmer wird der Druck, den er mir macht. Das er mich beschimpft, damit kann ich zur Not noch leben, inzwischen reicht ihm das aber lange nicht mehr aus. Er will mehr, viel mehr. Bestraft soll ich werden, weil ich so ungehorsam bin. Die Hassgefühle, die er mir überträgt, sind überdimensional, ich fühle mich völlig machtlos, kann dem kaum noch was entgegensetzen.
Er benutzt mich wie eine Handpuppe, in die man reinschlüpft, mit der man spielt, und die man nach seiner eigenen Pfeife tanzen lässt.
Obwohl ich spüre, dass er da ist, gibt es nichts, was ich machen kann. Meine Handlungen unterliegen **seiner** Kontrolle, ich stehe im Hintergrund und bin wie gelähmt, dazu verurteilt zu sehen, zu fühlen, zu handeln wie **er** will.
Und das, was er will ist unbeschreiblich schrecklich. So schrecklich, dass sich Panik in mir ausbreitet. Ich bin mir nicht mehr sicher, nicht doch irgendwann einmal ernsthaften Schaden zu verursachen, einfach, weil ich es nicht mehr kontrollieren kann.
Ich rede mit Judith darüber, bitte sie mich nachts am Bett festzubinden.

„Das kann ich nicht machen, ich kann dich doch nicht anbinden! Hab mal keine Angst, ich pass schon auf dich auf!"
„Judith, das kannst du nicht, irgendwann schläfst du auch mal, was ist dann? Glaube mir, der ist gefährlich, wirklich."
„Ach, der soll mal kommen, dann bekommt er es aber mit mir zu tun."

Lieber Himmel, was soll ich sagen? Wie kann ich ihr klar machen, dass sie wirklich in Gefahr ist, und nicht nur sie, sondern auch die Kinder, und die Hunde, und auch ich selber.
Ich überlege krampfhaft was ich tun kann, aber außer den Termin und die Therapie abzusagen, fällt mir nichts ein.

15.55 h
Dieter hat eben wieder angerufen. Wir haben beinahe drei Stunden miteinander telefoniert. Er hat inzwischen auch mit dem Malen begonnen, und wir haben uns lange über seine Bilder unterhalten.
Am Ende des Gespräches war ich ziemlich erschöpft. Drei Stunden waren dann doch definitiv zu lang, und obwohl ja auch Judith zwischendurch mit ihm geredet hat, merke ich, dass es mit meiner Konzentration für den Rest des Tages vorbei ist.
Ich mag ihn sehr, aber das nächste Mal geht das nicht mehr so lange, das muss ich ihm sagen, da muss ich einfach besser für mich sorgen. Ich denke aber, er wird das verstehen.

17. Oktober
17.50 h
Vier Wochen konnte ich es vermeiden mit meiner Mutter zu telefonieren. Jetzt ging es nicht mehr anders.
Da ich noch auf sie angewiesen bin, muss ich hin und wieder in den sauren Apfel beißen.
Ich habe ein ungutes Gefühl, nicht ganz zu Unrecht, wie sich im Laufe des Gespräches herausstellt.

Achtung: Starke Trigger. Betroffene sollten den nächsten Abschnitt bis zum Ende der Triggerwarnung nur bei ausreichender Stabilität lesen!

„Wie geht es dir denn mein Kind?“,

fragt sie mich, und mir wird übel angesichts dieser Scheinheiligkeit.

„Nicht gut, gar nicht gut.“
„Ach, dass das aber auch nicht mal besser wird. Können die Ärzte denn da gar nichts machen?“

Sie seufzt herzerweichend, und ich spüre meinen Mageninhalt nach oben kriechen.

„Doch Mama, aber das dauert ein paar Jahre, das habe ich dir doch erklärt."
„Ja, ich habe so was schon mal im Fernsehen gesehen, aber dass es so was wirklich gibt, kann ich mir gar nicht vorstellen."
„Sicher gibt es das wirklich Mama."

Sie weiß es ganz genau, sie hat es immerhin selbst mit verursacht.

„Hm, und was machen die da jetzt gegen? Bekommst du da Tabletten?"
„Nein, das geht nicht einfach mit Tabletten weg, so einfach ist das leider nicht. Es gibt kein Medikament gegen schreckliche Erfahrungen in der Kindheit, das ist doch wohl logisch!"
„Ja, aber weißt du was ich nicht verstehe? Warum hast du denn nie was gesagt?"

Wie bitte?

„Was? Ich ***habe*** *doch was gesagt, aber es hat ja niemand zugehört!"*
„Ja, ich weiß, bei deiner Lehrerin und beim Jugendamt warst du auch, aber ich meine, warum hast du mir nichts gesagt?"

Mir fällt fast der Hörer aus der Hand, das kann sie nicht ernst meinen. Doch, sie meint es ernst, todernst! Ich bin fassungslos!

„Das habe ich versucht Mama, aber du wolltest es nicht hören, du hast mich immer nur angeschrien und sofort zugeschlagen. Mama, du hast nur geschrien und geschlagen damals, das ging den ganzen Tag so. Man hat sich nicht gewagt auch nur eine kleine falsche Bewegung zu machen oder ein falsches Wort, dann hast du sofort gnadenlos ausgeteilt. Hast du mir nicht selbst erzählt, dass du mir als Dreijährige immer wieder mit der Faust ins Gesicht geschlagen hast, mich an den Haaren vom Boden gezogen, geschüttelt und anschließend gegen die Wand geworfen hast? Und das alles nur, weil du so angenervt warst von meiner ‚Fragerei'.

Ich zittere während ich ihr die Wahrheit entgegenschleudere. Zum ersten Mal habe ich sie direkt damit konfrontiert, dass sie auch nicht ganz unschuldig ist.

„Ja, das stimmt leider, ich hatte völlig die Nerven verloren. Das habe ich wirklich getan, und du glaubst nicht wie leid mir das alles tut. Auch all die anderen Dinge, aber ich schwöre dir, ich habe davon nichts mitbekommen.“

Sie fängt an zu weinen, wie früher, wie immer, dann fährt sie fort:

„Glaub mir bitte, ich würde mein Leben dafür geben um dir zu helfen wieder gesund zu werden!“
„Zu spät Mama, du musst dich nicht mehr für mich opfern, das habe ich schon selbst getan!“

Keine Ahnung woher ich mit einemmal die Kraft nehme ihr das alles zu sagen, innerlich zittere ich wie Espenlaub.

„Im Übrigen, selbst wenn ich nicht versucht hätte mich verbal mitzuteilen, dann hättest du es auch jederzeit anders bemerken können. Hast du nicht selber schon mal gesagt, ich sei ein ‘schwieriges Kind’ gewesen?“
„Ja, du warst ziemlich unberechenbar. Manchmal ganz lieb, dann wieder total aggressiv, dann wieder irgendwie verträumt.“
„Ach was. Und da ist dir nie die Idee gekommen, dass da was nicht stimmt?“
„Na ja, es war nicht leicht mit dir, du hast ja auch immer schon unter Verfolgungswahn gelitten, dachtest immer alle wären hinter dir her.“
„Das war kein Verfolgungswahn Mama, die ***waren wirklich*** *hinter mir her, und das weißt du auch ganz genau!“*

Ich kann nicht glauben, dass sie es noch immer nicht wirklich begriffen hat.
Ich versuche es noch einmal.

„Mama, du hast eben gesagt, du würdest dein Leben geben um mir zu helfen, aber das verlange ich ja gar nicht. Aber ich glaube einfach nicht, dass du gar nichts weiß, und ich erwarte dass du mir hilfst Licht ins Dunkel zu bringen. Du ***musst*** *mir helfen, wenigstens heute. Nenn mir Ross und Reiter, damit ich gesetzlich dagegen vorgehen kann. Verdammt, ich hab doch auch nur dieses eine Leben, und das ist im Eimer, da habe ich doch wohl das Recht auf eine kleine Wiedergutmachung. Es geht mir gar nicht einmal um eine Rente, ich möchte nur, dass die Kosten für meine Behandlung übernommen werden, und zwar* ***so lange wie ich es brauche****.“*

„Ja, also."

Ich denke nun kommen ein paar Namen, stattdessen gibt sie folgendes zum Besten:

„Einmal ist dein Vater mit dir in die Badewanne gegangen. Nach einer Weile hast du furchtbar zu schreien angefangen: ‚Mama, hol mich hier raus, ich hab so Angst vor Papa sein Ding.' Aber dann war mit einem mal Ruhe."
„Hast du nachgesehen, was da los war?"
„Nein, ich dachte, du hast dich nur erschreckt"
„Wovor denn? Vor einem Körperteil, dass für ein Kleinkind ***normalerweise*** *die gleiche Bedeutung hat wie eine Hand oder ein Fuß? Oder woher hätte ich wissen sollen, dass man gerade davor Angst haben muss? Und warum habe ich dann nicht sofort geschrien, sondern erst nach einer Weile? Normalerweise schreien Kinder sofort wenn sie Angst bekommen und nicht erst nach einigen Minuten. Wie alt war ich denn da?"*
„So ganz genau weiß ich das nicht mehr, aber so etwa zwei ,oder nee, warte mal, das war vorher, da warst du noch keine zwei, aber na ja, fast zwei, ich dachte wirklich, du hast dich erschreckt, denn du warst danach ja plötzlich ganz still."
„Pffft, ja, so ist das dann Mama."
„Ja, und ein anderes Mal, das war damals auf der XY Straße, weißt du noch, kannst du dich daran erinnern, wo wir da das Schlafzimmer hatten?"
„Nein Mama, ich habe keinen blassen Schimmer."
„Na ja, wir hatten unser Schlafzimmer ganz hinten, und eines Nachts wurde ich wach, und du hast genau zwischen uns gelegen. Dein Vater war dabei …also, na ja …also ich habe ihn dann weggezogen. Er hat sich furchtbar erschrocken, und ich weiß noch dass er sagte: „Mein Gott, jetzt habe ich doch glatt das Kind mit dir verwechselt."
„Und DAS hast du ihm geglaubt?"
„Er war ja oft betrunken, und wenn man dann noch so schlaftrunken ist …na ja."
„Dann kann es auch schon mal passieren, dass man ein Kleinkind mit einer erwachsenen Frau verwechselt, ja sicher, ist schon klar."

Mir ist schlecht. Ich bin absolut sprachlos. Sie versucht die ganze Schuld auf meinen Vater abzuwälzen. Es haut mir fast die Beine weg. Gut, dass die ‚Anwältin' nicht traumatisiert ist. So habe ich noch eine

kurze Galgenfrist, bis die anderen Wind von der Sache bekommen haben.
Das eben Erfahrene genügt, um uns für Tage außer Gefecht zu setzen. Ich beschließe das Gespräch an dieser Stelle zu beenden, ehe meiner Mutter noch weitere Dinge einfallen, die sie ja eigentlich gar nicht bemerkt hat. Da ist bestimmt noch Etliches, da bin ich mir inzwischen sicher, auch wenn sie es nicht zugeben will. Sie wird schon wissen warum nicht!

„Mama, tut mir leid, aber ich kann jetzt nicht mehr weiter reden. Mir geht es nicht gut."
„Ja, dann hören wir mal besser auf. Mach es gut mein Kind, halt den Kopf hoch!"

Ich lege auf. Das Gespräch geistert weiter durch meinen Kopf, und plötzlich ist da diese kleine zarte Stimme die mir zuflüstert:

„Sie hat es gewusst, sie hat es immer alles schon gewusst, hat es ***sogar gesehen****, und sie hat uns nicht geholfen. Sie hat einfach nichts gemacht, einfach nichts gemacht, einfach nichts gemacht …"*

Und dann bricht auch schon das Inferno los, und ich weiß, dass ich die nächsten Tage erst einmal wieder durch das Tal der Qualen marschieren muss.

Ende der Triggerwarnung

20. Oktober
11.15 h
Ich habe mich wieder gefangen. Auf Einzelheiten einzugehen, ist inzwischen wohl nicht mehr nötig. Mittlerweile kann wohl jeder nachfühlen, wie die letzten Tage für mich gewesen sind.
Das es mir so schlecht ging, hatte zumindest den einen Vorteil, dass mein ‚Teufel' sich zurückgehalten hat. Es gab ja auch keinen Grund für ihn aktiv zu werden, wir waren bereits genug verletzt.

Jetzt geht es aber wieder etwas besser, und außerdem steht der nächste Termin der Therapiestunde an.
Er meldet sich zurück, und überflutet mich erneut mit seinem Hass, und seinen Drohungen und Forderungen.
Ich fühle mich so kraftlos, habe gerade eben erst das eine Schlachtfeld verlassen, da werde ich bereits in das nächste gedrängt.

„Keine Rast für die Sünder!"

Der Satz schießt mir mit einem mal durch den Kopf, keine Ahnung, wo der nun schon wieder herkommen mag.

20.10 h
Judith ist in die Stadt gefahren, und hat wieder einige Filme für die ‚Kleinen' mitgebracht. Sie ist so lieb.
Ich spüre die Freude, die diese Filme auslösen, und hoffe nur, dass sie bei der Auswahl nicht in Streit geraten.

21. Oktober
09.45 h
Lieber Himmel, was ist nur los mit mir? Wie nur kann ich so sehr die Kontrolle verlieren.
Was ich heute Nacht getan habe, werde ich mir wohl niemals verzeihen können, und ich hoffe sehr, dass es niemals wieder geschehen wird.
Es ist etwa drei Uhr. Meine Hündin bellt, und sie hört einfach nicht auf. Plötzlich spüre ich meinen ‚Teufel' wieder in mir toben.
„Hau drauf, los, mach sie fertig, die soll das Maul halten!" Im nächsten Moment bemächtigt er sich meines Körpers und springt aus dem Bett.
Ich schreie, bebe innerlich, aber ich kann nichts, gar nichts machen. Er treibt mich die Treppe hinunter mit gewaltigen Schritten, stürmt auf das Sofa zu, auf dem mein Hund liegt. Bereits von der Türe aus, wirft er einen Schuh zu ihr, trifft sie aber zum Glück nicht. Sie rollt sich sofort devot auf den Rücken, er grinst, das gefällt ihm. Aber das genügt ihm nicht, noch lange nicht. Er will Blut sehen. Er geht zum Sofa und legt seine Hände um ihren Hals, und dann … drückt er zu.

Ich stehe hilflos daneben und sehe zu, wie er meinen über alles geliebten Hund ermorden will.

„Nein, neiiiiiiiiiin, ich will das nicht, geh weg, geeeeehhhhh endlich weg!“

Mit aller mir zur Verfügung stehenden Kraft bäume ich mich auf, versuche ihn weg zu drängen, er ist so stark, und ich? Hat nicht Frau Bauhardt in der Klinik gesagt, ich hätte auch einen sehr starken Anteil? Ich mobilisiere meine letzten Kraftreserven und versuche mich auf meine starke Seite zu konzentrieren, und mit einem Aufschrei der Verzweiflung werfe ich mich mit aller Kraft die ich aufbringen kann nach vorne und schiebe ihn zur Seite.
Augenblicklich löst sich der Griff um die Kehle meines Hundes. Ich sehe die Spitze ihres eingezogenen Schwanzes vorsichtig unter ihrem Bauch wedeln. Ich nehme sie in die Arme und drücke sie fest an mich.

„Mein armes Mädchen, mein Gott, was hab ich nur gemacht?“

Ich drücke sie, küsse sie, ich hoffe inständig, dass sie mir irgendwann einmal verzeihen kann. Ich selber werde das wohl niemals können.
Dass ich so sehr die Kontrolle verlieren kann, erschreckt mich bis aufs Blut, und ich weiß nun endgültig, dass ich dringend was dagegen machen muss. Noch immer spüre ich seinen Hass in mir pulsieren, der nur langsam abebbt.
Beinahe wäre ich selbst zur Täterin geworden. Mir ist ganz schlecht bei dem Gedanken.
Das bin ich doch gar nicht, ich schaffe es ja noch nicht mal eine Spinne zu töten, trage sie nach draußen in den Garten, und jetzt so etwas.
Was, wenn das wieder geschieht? Wenn er statt des Hundes vielleicht meine Frau angreift, oder gar die Kinder? Nein, das darf nie, niemals geschehen.
Betreten schleiche ich ins Schlafzimmer zurück.
Judith sitzt im Bett.

„Du musst mich einsperren, oder mich anbinden, was auch immer, ich bin gefährlich, wirklich, aber ich will das nicht!“
„Mit dem werde ich schon fertig.“

„Du verstehst das nicht Judith, wie kann ich Dir nur verständlich machen, wie ernst es mir ist?"
„Wir schaffen das schon. Wie geht es dem Hund?"
„Es geht ihr gut."
„Gott sei Dank. Ich habe nicht gewagt nach unten zu gehen um nachzusehen. Ich dachte echt Du hättest …!"

Sie wagt nicht den Satz zu Ende zu sprechen. Trotz allem versteht sie den Ernst der Lage nicht.
Sie denkt, sie könnte es mit ihm aufnehmen, aber das kann sie nicht, und ich habe keine Ahnung wie ich ihr **das** erklären kann.
Ich brauche dringend einen, der auf mich aufpasst, damit ich nicht wirklich irgendwann einmal Jemandem ernsthaften Schaden zufüge.
Liebe Güte, das wäre einfach grauenhaft!

Wächter: gezeichnet von ‚Ira'

22.00 h
Trotz der Anfeindungen meines ‚Teufels' und seiner Drohungen bin ich zur Therapiestunde gegangen. Was blieb mir auch anderes übrig, nachdem was letzte Nacht war. Wenn Jemandem ein Ausweg dazu einfällt, dann hoffentlich der Therapeutin, dachte ich jedenfalls.
Ich habe ihr den Vorfall geschildert, habe ihr auch gesagt, dass ich mich eigenmächtig über die Wünsche meines Teams hinweggesetzt habe, als ich der Therapie zustimmte, und dass der ‚Teufel' keineswegs einverstanden sei. Es gibt auch noch andere Gegenstimmen. Ich bin dieses Mal ganz ehrlich.

„Ja, wissen Sie, er ist sicher verletzt, weil er sich nicht von Ihnen angenommen fühlt. Sie wollen ihn nicht dabei haben, und das spürt er. Es ist so wie bei einem Kind, das in der Schule gemobbt wird. Es kommt nach Hause, und lässt seine Wut an Anderen aus, weil es sich ausgegrenzt fühlt."
„Nein, das ist anders, glauben sie mir. Das ist auch kein Kind, das ist ein Mann, und er ist nicht gekränkt, er findet es gut und richtig, was er da treibt. Für ihn ist das völlig in Ordnung. Glauben Sie mir bitte, der ist gefährlich. Er ***will*** *verletzen, und er kennt keine Gnade, oder Mitleid."*
„Ah, also ein Mann ja? Was gibt es denn sonst noch für Anteile bei Ihnen? Zählen Sie doch mal welche auf."

Was? Wieso denn das jetzt? Ich werfe ihr vier bis fünf Namen zu, dann breche ich das Ganze ab. Ich verstehe nicht, was das jetzt soll? Das kann man doch später klären, das ist doch jetzt gar nicht wichtig. Ich brauche Hilfe gegen diesen ‚Teufel'.
Ich unternehme nochmals einen verzweifelten Versuch.

„Bitte, bitte glauben Sie mir, das ist nicht so wie Sie gesagt haben. Es ist anders. Lieber Himmel, wie kann ich Ihnen das nur begreiflich machen? Er schreckt vor nichts zurück, vor absolut gar nichts. Irgendwann wird es ihm gelingen mich zum Täter zu machen, und eher springe ich von einer hohen Brücke, ehe ***das*** *geschieht."*
„Was will er denn machen?"
„Das weiß ich nicht, verletzten, töten, irgendwie!"
„Sie?"
„Ja, mich auch. Er will Blut sehen, er will bestimmen, entscheiden, sagen was ich zu tun oder lassen habe. Er will die völlige Kontrolle."

„Und wenn Sie ihm sagen, dass Sie ihn jetzt nicht mehr brauchen, und ihn einfach weg schicken?“

Was? Weg schicken? Wie soll das denn gehen? Oh, mein Gott. Sie versteht es nicht. Sie **glaubt** es nicht, **kann**, **will** mir nicht helfen. Ich höre ihn im Hintergrund schallend lachen. Er, und seine ganze Bande amüsieren sich köstlich. Mir wird schwindelig, ich kann nicht mehr, will raus hier. Ich springe vom Stuhl. Eine ganz kurze Weile nehme ich noch wahr, wie sie neben mir herläuft, dann wird es dunkel.

Ich werde wach, und klebe mit dem Hintern auf der Fensterbank. Die Therapeutin sitzt auf ihrem Stuhl, ihr gegenüber sitzt meine Frau, die sie sich während meiner ‚Abwesenheit' wohl ins Zimmer geholt haben muss. Die beiden unterhalten sich miteinander.
Zunächst merken beide nicht, dass ich wieder ‚da' bin. Ich schaue mich noch ein wenig unsicher im Zimmer um, brauche eine kleine Weile um mich zu orientieren im Hier und Jetzt. Ich warte etwa zwei Minuten ab, und beobachte die Situation. Die Beiden reden immer noch. Keiner sieht auch nur ein einziges Mal zu mir herüber. Dann rutsche ich von der Fensterbank und setze mich wieder auf meinen Stuhl.

Jetzt schaut mich die Therapeutin an, und lächelt milde. Danach wendet sie ihre Aufmerksamkeit aber sofort wieder meiner Frau zu und die beiden reden weiter.

Ich bin stocksauer.
‚Lass die Blöde doch ruhig ein wenig im Nirgendwo herumirren, so lange sie hier im Zimmer ist, kann ja nichts passieren.'
Mein ‚Teufel' freut sich diebisch, diese Nummer hat ihm richtig gut gefallen. Ja klar!
Die Beiden unterhalten sich immer noch, und ich komme mir vor wie ein Störfaktor. Mir reicht es, ich schnappe meine Tasche, und sprinte zur Tür. Was soll ich auch hier noch? Es interessiert sie doch offensichtlich nicht. was ich zu sagen habe, sie will es nicht hören. Sie plaudert lieber ein wenig mit Judith. Nun gut, das ist ja auch nichts Neues für uns, dass man uns nicht zuhört, aber **hier** hätten wir das nun doch nicht erwartet.

„Ich gehe jetzt, mir reicht's für heute."

Die Therapeutin und Judith springen von ihren Stühlen, doch während meine Frau sofort hinter mir her will, hält die Therapeutin sie noch mal kurz auf, und richtet noch eine Frage an sie. Meine Güte, so was unsensibles. Die bekommt ja wirklich gar nichts richtig mit.
Während ich bereits halb draußen bin, ist Judith bemüht die Therapeutin abzuschütteln, ohne dabei unhöflich zu wirken.

„Öhm, Entschuldigung, aber ich möchte meine Frau jetzt wirklich nicht so gerne allein lassen!"
„Ach, ja sicher, wir können das ja beim nächsten Mal klären. Sie kommen doch wieder oder, Sie kommen doch wieder?"
„Ja, ja."

Ich bin bereits am Eingang. Judith rennt hinter mir her. Ich habe große Mühe ruhig zu atmen.
Beim nächsten Mal klären? Pah, na ja, vielleicht möchte sie ja in Zukunft lieber mit Judith arbeiten, als mit mir. Die ist doch auch so viel vernünftiger, und man muss sie auch nie vom Fensterbrett abpflücken.
Ich bin absolut fassungslos, mir fehlen wirklich die Worte.
Ich habe keine Ahnung, was die Dame sich für diese Stunde eingestrichen hat, aber mit dem Geld hätte ich auch unseren Ofen anfeuern können, das wäre unterm Strich das Gleiche gewesen.

Wir fahren nach Hause. Judith ist mal wieder sehr bemüht um mich. Fragt mich ständig, ob alles in Ordnung ist, und ob sie was für mich tun kann.
Ich bin etwas kippelig auf Grund der Vorkommnisse, und als wir auf dem Weg an einer Kirmes vorbeikommen, lugt ‚Laura' schnell hervor. Sie möchte unbedingt auf das Kinderkarussell. Zum Glück findet Judith keinen Parkplatz, und so kommt sie um die Not herum ‚Laura' klar zu machen, dass sie nicht mehr in die Sojuskapsel oder das Feuerwehrauto passt.
Als Judith mir später davon erzählt, klappt mir der Mund runter.

„Du hättest mich aber doch nicht wirklich da rein gesetzt?"
„Doch, sicher, ich habe schon überlegt wie ich Laura davon überzeugen kann hinten auf dem nach oben offenen Notsitz des Feuerwehrautos Platz zu nehmen oder auf so ein kleines Fahrrad, weil diese Sojuskapsel wäre ja rein technisch gar nicht gegangen."
„Himmel, ich hätte mich bis auf die Knochen blamiert. Womöglich hätte ich noch jauchzend und lachend zu Dir rüber gewunken. Huhu, Judith, hier bin ich."
„Na und? Dich kennt doch hier keiner, und Laura hätte Spaß gehabt. Für sie wäre es ein wunderbares Erlebnis gewesen, und davon kann sie, denke ich, ja wohl einige gebrauchen. Hätte ich die Kleine etwa lieber auch enttäuschen sollen, indem ich ihr verbiete da mitzufahren?"

Hm, bei genauem Nachdenken, muss ich sagen, Judith hat Recht. Für ‚Laura' wäre es wichtig gewesen, etwas Schönes zu erleben, zum Glück hat Judith aber keinen Parkplatz gefunden, und insgeheim beschließe ich, demnächst besser Rummelplätze zu meiden.

Sicher ist sicher!

Zu Hause angekommen, ziehe ich mich ins Arbeitszimmer zurück. Ich bin noch immer ziemlich sauer auf die Therapeutin und ihre Art mit mir umzugehen. Zudem bin ich, was meinen ‚Teufel' angeht, keinen Schritt weiter gekommen, was ihn einerseits freut, ihn andererseits aber auch dazu veranlasst mich nun bestrafen zu wollen, denn seinen Willen, die Stunde abzusagen, habe ich ja ignoriert.
Ich fahre den Rechner hoch und treffe im Internet auf Viky, einer ebenfalls sehr guten Freundin, mit der ich regelmäßig schreibe oder telefoniere. Sie liest auch immer wieder Teile meines Manuskripts durch, und gibt mir ein professionelles Feedback dazu. Als studierte Germanistin kann sie mein Geschreibsel ganz gut beurteilen
Ich erzähle Viky von der verunglückten Therapiestunde. Sie ist fassungslos und rät mir, mich nach einer anderen Therapeutin umzusehen. Wir reden auch über den ‚Teufel' und meine Angst davor, dass er jetzt erst recht zuschlagen könnte.
Wie Recht ich damit hatte, bekomme ich schon ziemlich bald zu spüren.

22. Oktober
03.16 h
Meine Hündin bellt wieder. Ich wecke Judith, damit sie sich darum kümmert. Ich wage nicht nach unten zu gehen.

06.00 h
Puh, die Nacht wäre geschafft. Ich fühle mich ziemlich matt, zuviel ist in der letzten Zeit geschehen. Meine Kräfte schwinden immer mehr, und ich frage mich manchmal, wo ich sie überhaupt noch hernehme.
Ich schleppe mich nach unten, um für Judith einen Kaffee zu kochen. Ich bringe ihr jeden Morgen einen Kaffee ans Bett, aber im Moment kommt es mir eher so vor, als müsste ich jeden morgen den Kilimandscharo besteigen.
Danach setze ich mich in den Wintergarten und rauche eine Zigarette. Ich würde gerne in mein Tagebuch notieren, was ich in den letzten Stunden durchlebt habe, wie die Nacht gewesen ist, wie ich mich jetzt fühle, aber irgendwie fehlt mir der Antrieb.
Gleichzeitig empfinde ich aber eine große Unruhe, die sich bei genauerem Nachforschen als Angst herausstellt. Angst vor dem ‚Teufel', Angst vor der Zukunft, Angst vor mir selber.

Die Metapher von dem gemobbten Jungen, den meine Therapeutin anführte, kommt mir wieder in den Sinn. Sie hat es nicht verstanden, aber ich habe eine andere Metapher für sie.
Die, eines abgerichteten Tanzbären.
Ich darf nichts erzählen, keine Therapie machen, ich darf noch nicht einmal weinen oder jammern, wie er so schön sagt. Ich habe Angst gegen diese Regeln zu verstoßen, denn ich weiß genau, wenn er oder seine ‚Kollegen' ihre Geigen hervorholen und spielen, dann hebe ich meine Füße und beginne zu tanzen, und es gibt nichts, rein gar nichts, was ich dagegen machen könnte.

Später telefoniere ich noch mit Kerstin. Sie rät mir ebenfalls dringend mich nach einer anderen Therapeutin umzusehen.
Die Geschichte mit der Kirmes findet sie klasse. Sie ist der gleichen Meinung wie Judith, ‚das Kind' geht vor. Wir erinnern uns an vergangene Begebenheiten mit ‚Laura oder anderen Kindanteilen', die zu

ähnlich skurrilen Situationen führten. Jetzt im nachhinein betrachtet, sind sie ja schon auch lustig, wenn nur der Grund dafür nicht so bitter ernst wäre.

23. Oktober
06.15 h
Habe wieder schlimm geträumt, aber im Gegensatz zu sonstigen Träumen, ist mir ein Teil des Traumes in Erinnerung geblieben.

Achtung: Mögliche Trigger. Betroffene sollten den kursiv gedruckten Abschnitt nur bei ausreichender Stabilität lesen.

Ich liege auf einer Art Tisch. Er ist aus Stein, und fühlt sich hart und kalt an. Bekleidet bin ich lediglich mit einem langen weißen Hemd. Ich versuche von dem Tisch herunterzurutschen, um fortzulaufen, aber es geht nicht. Ich will mich vorbeugen, um zu sehen, was mich festhält, aber an Armen und Beinen sind dicke Ketten um die Gelenke geschlungen. Es sieht so aus, als seien sie bereits in mein Fleisch eingewachsen. Ein dickes Schloss verhindert zusätzlich das Lösen der Ketten. Über den Ketten ist eine Art Markierung an meinen Beinen angebracht. Es sieht aus wie ein Stempel oder ein Siegel. Mein erster Gedanke: ‚Hier kommst Du niemals weg. Du gehörst ihnen.'

Ich bin froh, dass ich wieder wach bin. Der Traum war gruselig und ich habe noch immer Angst.
Ich hole mir eine Tasse Milch, rauche eine Zigarette und versuche mich zu beruhigen. Es war ja nur ein Traum, oder?

10.00 h
Heute ist wieder einer dieser Tage, an denen mein Kopf so voll ist, dass ich Schwierigkeiten habe zu sortieren und einen Anfang zu finden. Ich fühle mich wie erschlagen von den vielen unterschiedlichen Informationen, die alle gleichzeitig auf mich einzuprasseln scheinen.

11.40 h
So durcheinander, kann nichts machen.

24. Oktober
06.40 h
Hab die halbe Nacht wach gelegen und darüber nachgedacht, was ich meinem ‚Teufel' entgegensetzen kann.
Eine Möglichkeit wäre vielleicht, es gemeinsam zu versuchen. Wir leiden alle darunter, und Gemeinsamkeit macht stark.
Habe mir vorgenommen noch einmal den Versuch zu unternehmen, Kontakt herzustellen. Vielleicht sollte ich meinen Stolz nun mal hinunter schlucken und doch meine ‚weiße Hexe' um Hilfe bitten.

10.20 h
Versuchte Kontaktaufnahme ist gescheitert. Find mich in der Küche wieder, wie ich in rasender Wut mit einem Fleischhammer, mit dem man normalerweise Koteletts weich klopft, meinen Arm bearbeite. Der Hammer hat auf beiden Seiten einen Eisenbeschlag, entsprechend sieht mein Arm aus.
Was mache ich denn da nur? Völlig verstört lasse ich das Küchengerät fallen. Ich bin entsetzt.
Jetzt ist es also soweit. Jetzt kann ich mir selber nicht mehr vertrauen.

13.00 h
Ich rase vor Wut. Obwohl ich ein großes Schild an die Tür zum Arbeitszimmer gepappt habe, mit der dringenden Bitte mich nur im absoluten Notfall zu stören, sind meine Kids viermal hintereinander reingeplatzt, natürlich mit Nichtigkeiten.
Der ‚Teufel' ist sofort aktiv. Es gefällt ihm, wenn ich wütend werde, dann gießt er noch Öl in die Flammen.

„Los, Nagel sie an die Wand."
„Nein, bist Du verrückt?"

Ich bäume mich gegen ihn auf, ich will meine Kinder nicht verletzen, auf keinen Fall. Ich rase in den Flur und zur Haustüre. Spazierengehen, nur raus hier, irgendwie muss ich mich wieder ‚erden'.
Es hilft nicht, ich spüre, dass ich kurz davor stehe, draußen die Leute anzufallen, also wieder zurück, aber was nun? Ich kämpfe wie irre

gegen den Druck, aber er lässt einfach nicht locker. Er will Blut sehen, egal von wem, und diesmal gewinnt er.
Ich habe lange überlegt, ob ich schreiben soll, was geschehen ist, habe mich aber dazu entschieden, diesen Vorfall nicht im Detail zu schildern. Es soll hier kein Raum für Voyeurismus geschaffen werden.
Nur soviel noch, er hat es geschafft, mich böse zu verletzen.
Ich schäme mich abgrundtief.
Nie wieder wollte ich Blutgeld zahlen und habe völlig versagt.

14.30 h
Noch immer etwas verwirrt und völlig beschämt, schleiche ich in das Arbeitszimmer zurück. Viky, mit der ich mich im Internet unterhalten hatte, während ich vorhin gestört wurde, ist noch da.
Jetzt komme ich in das zweifelhafte Vergnügen noch einmal nachlesen zu können, dass er sich auch hier bereits ausgetobt hatte.
Dieser blöde Sack hat Viky beschimpft, und nicht zu knapp.

„Hallo Viky."
„Bist Du wieder da? Geht's Dir besser Liebes?"
„Es tut mir leid, was ich da geschrieben habe, ehrlich, lieber Himmel, das habe ich nicht so gemeint."
„Das macht doch nichts, ich weiß doch, dass Du das nicht warst."
„Na ja, im Grunde ja schon, irgendwie, ach Mensch, ich muss das in den Griff bekommen."
„Hat er sonst noch was gemacht?"
„Nicht so schlimm, heilt wieder."
„Dieses dämliche Arschloch!"
„Ich darf Dir jetzt nicht zustimmen Viky."
„Ich weiß. Ruh Dich mal bissl aus jetzt."
„Ja, mach ich. Bis später."

Ich lehne mich im Stuhl zurück, und denke nach. Und mir wird klar, dass es auch viel Gutes in meinem Leben gibt.
Menschen, die sich von mir in Grund und Boden schimpfen und schreien lassen, und mich dann, wenn ich wieder klar bin noch fragen, ob es **mir** besser geht.

Menschen, die sich stundenlang ans Telefon klemmen und für mich auf Therapeutensuche gehen, den Erstkontakt organisieren, um mir zusätzliche Enttäuschungen zu ersparen.
Menschen, die mich auch dann noch mögen, wenn ich mit Wachsmalkreiden auf dem Boden liege, oder Kinderlieder summe.
Menschen, die es mir nicht übel nehmen, wenn ich mit einemmal völlig anders bin als sonst, die verstehen, wie ich ticke, und mich trotzdem mögen und zu mir halten.
Das sind wahre Freunde!

Diese Freunde und meine Familie sind eine wichtige Stütze in meinem Leben, darauf kann ich bauen. Ich muss es mir nur immer wieder vor Augen halten, und mich nicht in mein Elend fallen lassen.
Im Augenblick geht's mir schlecht, aber ich werde verdammt noch mal aus diesem Dreckloch heraus kriechen, selbst wenn es mich das letzte bisschen Kraft kostet, das ich noch zur Verfügung habe.

Nein, ich gebe nicht auf, ich kämpfe!

28. Oktober
10.13 h
Die letzten Tage waren ein wahres Martyrium für mich. Der ‚Teufel' und seine Mannen, sind zu Hochform aufgelaufen. Sie benutzen mich nach Lust und Laune, indem sie in mich hinein schlüpfen, und Dinge mit mir anstellen, die ich mir in meinen kühnsten Träumen nicht mal ausmalen könnte.
Was sie dann alles so anrichten, möchte ich wirklich nicht in Einzelheiten schildern, ich kann nur sagen, sie sind ausgesprochen ideenreich. Dabei würden sie am liebsten Werkzeuge benutzen, mit denen man auch einen Bürgersteig aufhebeln könnte.
Inzwischen sieht der Körper aus, als käme er gerade frisch vom Schlachtfeld, und ich fühle mich wie ein geprügelter Hund. Dabei habe ich es wahrscheinlich nur der unglaublich starken ‚Anwältin' zu verdanken, dass ich überhaupt noch am Leben bin. Sie kämpft jeden Tag aufs Neue, jede verdammte Minute, mit aller ihr zur Verfügung stehenden Kraft. Lange hält sie das nicht mehr durch.

Kerstin ist es inzwischen gelungen Kontakt zu einer Traumatologin herzustellen, die zwar eigentlich keine Kapazitäten hat, aber auf Grund dessen was ihr Kerstin über mich berichtet hat, die Notlage, in der ich mich befinde, sofort erkannt hat. Sie sieht, im Gegensatz zur Therapeutin die mich bisher behandelt hat, die Dringlichkeit, und vor allem auch die Gefahr, die der ‚Teufel' und die anderen Krawallschachteln darstellen. Sie hat Kerstin an einen anderen Traumatologen verwiesen, der beurteilen soll, ob nicht sogar ein weiterer Klinikaufenthalt notwendig ist.

„Es ist ein Mann, aber er soll ja nur erstmal schauen, und dann kannst Du evtl. weitervermittelt werden oder aber doch in die Klinik müssen, das entscheidet er dann."

Es ist meiner Freundin tatsächlich gelungen mir einen Termin zu organisieren. Ich weiß gar nicht was ich sagen soll, ich bin einfach nur tief beeindruckt und dankbar für dieses unglaubliche Engagement.
Heute steht wieder ein Therapeutentermin an, den ich eigentlich absagen wollte. Ich habe mich aber dazu entschieden, doch hin zu fahren, einfach um Einiges mit ihr zu klären. Ich habe mich von ihr nicht richtig verstanden gefühlt, und habe den Verdacht, dass meine ‚weiße Hexe' Recht hatte mit ihrer Vermutung, und dass sie im Grunde keine Ahnung von DIS hat.
Ich will sie direkt fragen, wie viele Patienten sie mit diesem Störungsbild denn schon behandelt hat. Ich werde das Gefühl nicht los, dass sie völlig überfordert ist.
Es scheint tatsächlich so zu sein, als würde sie die Dinge, die ich ihr jede Woche erzähle, bis zum nächsten Termin recherchieren, um dann in der Folgewoche die passenden Antworten zu haben.
Außerdem will ich ihr sagen wie **unglaublich, unsäglich** ich ihr Verhalten mir gegenüber in der letzten Woche fand. Ich will mich endlich einmal wehren!

17.35 h
Der Termin ist vorbei. Liebe Güte, ich weiß gar nicht, wo ich beginnen soll zu erzählen. Es war einfach nur noch grauenhaft.

„Wie geht es Ihnen?"
„Schlecht",

erwidere ich ziemlich patzig.
Ich möchte ihr sagen warum, und was mich so geärgert hat, aber sie unterbricht mich mal wieder. Das kann sie wirklich gut. Sie scheint immer ganz genau zu spüren, wann ich kurz vor einer Explosion stehe, und dann reißt sie ganz flott das Ruder rum, indem sie mir Fragen stellt die auf etwas ganz Anderes abzielen.

„Ja, ich hab noch mal über letzte Woche nachgedacht. Sie hatten ja erzählt, dass Sie ihren Hund gewürgt haben."

Das fällt ihr jetzt wieder ein? Letzte Woche ist sie darauf gar nicht eingegangen. Und dass ich auf die Frage ‚wie geht es Ihnen' mit ‚schlecht' geantwortet habe, hat sie offenbar auch nicht wirklich mitbekommen, oder es aber auch einfach ignoriert.

„Ja."
„Sagen Sie mal, nehmen Sie eigentlich Medikamente?"
„Ja, ich habe etwas in der Klinik bekommen, damit ich besser schlafen kann."
„Na das reicht wohl nicht. Also, ich bin keine Medizinerin, aber ich denke Sie sollten ein Medikament gegen die Stimmen nehmen."

Bitte? Hab ich das richtig verstanden? Ein Medikament gegen die Stimmen?

„Was meinen Sie denn jetzt damit schon wieder? Ich meine, was soll das denn bringen?"
„Na, ich denke diese Stimmen, die Sie da hören, die müssen doch furchtbar quälend für Sie sein."
„Ja, sicher, aber da hilft doch kein Medikament. Und das sind ja nicht einfach nur so Stimmen, die ich höre, die gehören ja zu den einzelnen Persönlichkeiten."
„Ja, ja ich weiß, der Teufel. Können wir mal eben Ihre Frau zu dem Gespräch dazu bitten?"

Alles klar, sie hält mich wohl für psychotisch. Das darf nicht wahr sein, ich denke, sie ist Traumatologin? Ich werde schon wieder richtig sauer. Warum kann sie nicht allein mit mir reden? Hält sie mich für so dämlich?

„Sicher, können wir das, wenn Ihr Herz so daran hängt, aber Sie können mir ruhig glauben, ich bin nicht ganz so verrückt, wie Sie vielleicht denken, und ich sage Ihnen, da hilft kein Medikament. Ich hab ja versucht den ‚Teufel' ruhig zu stellen, aber er nimmt die Tabletten nicht. Sie wirken bei mir, aber nicht bei ihm."
„Aha, hm ja, wirken nur bei Ihnen, nicht bei ihm, öhm, ich hole mal eben Ihre Frau dazu."

Jetzt ist sie restlos davon überzeugt, dass bei mir 'ne Schraube locker sitzt.
Und **ich** bin restlos davon überzeugt, dass meine ‚weiße Hexe' recht hatte, und sie absolut keine Ahnung davon hat wie man mit hoch dissoziativen Menschen umgeht.
Sie steht auf und holt Judith ins Zimmer.

„Fühlen Sie sich von Ihrer Frau bedroht?"

Himmel hilf mir, sie will mich doch wohl nicht einweisen lassen?

„Nein, überhaupt nicht!"

Danke Judith, ich liebe Dich!

„Ihre Frau behauptet, die Tabletten die sie nimmt, würden nicht richtig wirken."
„Ja, das stimmt auch, die wirken völlig unterschiedlich, manchmal gar nicht, das habe ich selber erlebt."
„Ja, hm, okay, ich werde dann mal mit Ihrem Psychiater drüber reden, damit er Ihnen was gegen die Stimmen aufschreibt."

Hört die Frau mir eigentlich überhaupt irgendwann einmal zu wenn ich was sage? Ich bin wirklich unglaublich sauer, aber ich versuche mich zu beherrschen und bemühe mich um einen ruhigen, sachlichen Ton. Mir ist durchaus klar, dass ich mich gerade auf einer Gratwanderung befinde, und es nur von ihrem ‚Wohlwollen' abhängt, ob ich heute noch in die geschlossene Abteilung eingewiesen werde.

„Hören Sie bitte, ich bin nicht psychotisch oder schizophren oder so was in der Art. Und ich lasse mir auch nicht wieder so eine Diagnose aufdrücken. Das habe ich alles längst hinter mir."
„Sie waren ja auch schon in verschiedenen Kliniken oder?"
„Ja."
„In welcher Klinik haben Sie sich denn am wohlsten gefühlt."
„In der ‚Klinik Am Osterbach', da hatte ich das erste Mal das Gefühl, verstanden zu werden. Die Anderen kapieren doch gar nicht, was wirklich los ist. Die werfen einem Pillen in den Hals und verwahren einen auf, bis man ruhig genug ist wieder auf die Strasse zu gehen."
„Ja, aber die Klinik in der Sie waren, das war ja keine Akutklinik, sondern eine Reha-Einrichtung."

Ich schaue in ihre Augen und weiß mit einem Mal genau, worauf sie hinaus will. Für sie ist die Sache ganz einfach: Ich höre Stimmen, rede von meinem ‚Teufel', greife meinen Hund an. Ich bin psychotisch und gehöre in eine Klinik, ganz klarer Fall. – Schublade auf, Verrückte rein, Schublade zu!
NEIN, nicht mit mir!
Ich lehne mich in meinem Stuhl zurück, schaue sie an, und mit ruhiger aber fester Stimme sage ich:

„Hören Sie bitte, ich wehre mich nicht grundsätzlich gegen einen Klinikaufenthalt, wenn er denn nötig ist. Aber ich werde mit Sicherheit keine Psychiatrie mehr betreten, wenn da nicht oben ‚Fachklinik für Psychotraumatologie' drüber steht. Ich betone nochmals, ich habe keine Psychose, und ich lasse mich mit Sicherheit nicht in irgendwelche geschlossenen Abteilungen verfrachten, in denen die Alternativen für mich Tabletten oder Spritze bedeuten. Und wenn ich die Augen wieder öffne bin ich ans Bett gefesselt. Haben Sie eine Ahnung, was das für mich bedeutet?"
„Haben Sie das schon einmal erlebt?"
„Ja, sicher, man hat die Wahl zwischen Pest und Cholera. Entweder man nimmt die Pillen, die man meistens nicht verträgt, oder zwei Minuten später hocken acht Leute auf dem Oberarm und donnern einem eine Spritze rein, die man noch viel

weniger verträgt. Wenn man aus dem Medikamentenkoma endlich erwacht, ist man bereits ans Bett gekettet!"
„Hm, ja, also Traumaklinik."

Offensichtlich fällt ihr keine ein, bei der sie im Notfall Patienten unterbringen könnte. Mir schon, und wäre sie wirklich ‚Traumatologin', sollte sie diese Kliniken auch kennen, zumindest einige davon. Ich sage nichts, aber mein Entsetzen wächst von Minute zu Minute.

„Sehen Sie, dieser Teufel, vielleicht ist das ja gar kein Teil von Ihnen. Sie haben ihn nur selbst zu einem Teil von Ihnen gemacht."
„Was? Ich verstehe nicht ganz, was meinen Sie damit?"
„Etwas dass nicht von innen, sondern von außen kommt, sich dadurch sozusagen gebildet hat."

Himmel sie redet immer so umständlich. Offenbar hält sie mich für zu dumm um sie zu verstehen, wenn sie ganz direkt mit mir spricht.

„Kann es sein, dass Sie jetzt von Introjekten reden? Meine Therapeutin in der Klinik hat mir gesagt, dass es so was auch geben kann. Ja sicher, möglich, dass das so was ist, das habe ich doch die ganze Zeit über versucht Ihnen klar zu machen, dass es nicht irgendein verletzter Teil ist. Aber ich hatte den Eindruck, dass Sie mich nicht wirklich verstanden haben."

Sie schaut mich etwas überrascht an. Vielleicht meinte sie ja auch noch etwas Anderes als ein Introjekt, vielleicht denkt sie doch an was Schizophrenes. Ehrlich gesagt, ich weiß es nicht. Die Frau verwirrt mich zunehmend und das ist etwas, was ich nun wirklich nicht mehr gebrauchen kann.

„Doch, doch, ich hatte Sie schon verstanden."

Ach wirklich? Hm, na da hatte ich aber eine völlig andere Wahrnehmung.

„Was denken Sie denn, warum er nicht möchte, dass Sie Therapie machen?"
„Na weil ich nichts erzählen darf, und weil er befürchtet, das im Laufe der Therapie

Erinnerungen auftauchen, die ich nicht weiter geben soll, vielleicht sogar selber gar nicht wissen soll."

„Ja, genau, und dabei ist es dann meistens so, dass wenn man sich erstmal erinnert, dann merkt man oft, dass ***das alles gar nicht sooooo schrecklich und schlimm war, wie man geglaubt hat****. Das es also gar nicht nötig war so einen Teufel zu haben, der da aufpasst."*

Ich starre sie entsetzt an. ***„ …, das alles gar nicht so schrecklich und schlimm war, wie man geglaubt hat …?"***

Mir gegenüber sitzt meine Therapeutin, eine ‚Traumatologin' und schießt mir mit einem einzigen Satz mal eben die Beine weg. Einfach so!

Mir wird augenblicklich speiübel, der Boden schwankt unter meinem Stuhl, mir wird schwindelig, und ich habe Angst vom Stuhl zu kippen. Und anstatt endlich einmal aufzustehen und mich wirklich zu wehren, verziehe ich mich lieber mal wieder in mein inneres Wolkenkuckucks-heim. Schwupp und weg. Himmel wie ich das hasse!

Judith wird mir später verwundert erzählen, wie lustig es dann plötzlich zuging. Wie sehr wir doch gelacht haben. Aha, ‚Johanna, der Kasper' war also da und hat sie den Rest der Stunde mit ihren fröhlichen Geschichten und Witzeleien unterhalten. Sie hat sie davon überzeugen können, dass es uns ja schon sehr viel besser geht, und es gar nicht mehr nötig ist, uns in eine Akutklinik einweisen zu lassen, in der wir dann mit Medikamenten voll gepumpt worden wären, die wir nicht vertragen hätten, und im günstigsten Fall nur auf der Station einge-schlossen gewesen wären. Im ungünstigsten Fall mit Händen und Füssen ans Bett gebunden. Das hat sie doch prima gemacht, und die Therapeutin hat es nicht einmal bemerkt!

Später rede ich mit Judith darüber. Sie war genauso entsetzt wie ich.

„Ich wollte erst etwas dazu sagen, aber dann dachte ich, ich darf mich da nicht einmischen, Mir ist sehr wohl aufgefallen, dass Dir sämtliche Gesichtszüge entglitten sind, und Du mit einem Mal völlig anders warst."
„Es ist ja nicht das erste Mal, dass man mir nicht glaubt. Aber immerhin ist es das erste Mal, dass mich eine so genannte 'Fachfrau' nicht ernst nimmt! Da gehe ich nie wieder hin, die macht ja noch mehr kaputt!"
„Das musst Du auch nicht. Vergiss sie, sie hat einfach keine Ahnung."

Vergessen, ja wenn das mal so leicht wäre. Jeden Mist vergesse ich, aber das mal dummerweise gerade nicht. Im Gegenteil, in meiner Höhle ist es das Gesprächthema des Tages.
Wir fahren nach Hause, und ich fühle mich wie betäubt. Daheim angekommen, fährt Judith noch einmal kurz zum Einkaufen weg.
Ich beschließe einen Spaziergang zu machen, ein wenig frische Luft schadet wohl nicht.
Während ich laufe, werden die Stimmen in meinem Kopf immer lauter. Immer deutlicher wird allen bewusst, was da abgelaufen ist, was sie da im Grunde von sich gegeben hat.

„… merkt man oft, dass das alles gar nicht so schrecklich und schlimm war …!"

Sie schreien, weinen, jammern und klagen:
„… sie glaubt uns nicht …, war doch alles nur ein Traum? …, das wird nie, nie aufhören …, keiner kann uns helfen …, ich habe solche Angst …, hilf uns doch …, ich möchte tot sein …, es wird ja doch nie einer glauben …"

Aus weiter Ferne höre ich etwas klingeln. Ganz langsam wird mir klar, dass es mein Handy ist.

„Ja?"
„Wo bist Du Maus?"
„Keine Ahnung, warte mal." Ich schaue mich um.
„Im Park, an der Schule."
„Was machst Du denn da? Es ist doch schon dunkel."
„Ja? Hab ich gar nicht gemerkt. Ich wollte spazieren."
„Ohne die Hunde?"

„Hab ich vergessen."
„Warte dort bitte, ich komme sofort."
„Ja, ist gut."
Etwa fünf Minuten später kommt Judith den Weg zu mir heruntergelaufen. Ich möchte mich am liebsten in ihre Arme werfen und hemmungslos weinen, aber …, ich darf ja nicht weinen.

„Mein armer Liebling, vergiss sie doch."
„Ja." Ich nicke müde.
„Komm, lass uns nach Hause fahren und etwas essen."
„Ich habe …keinen …Hunger."

Die Worte kommen mir nur stockend über die Lippen, weil ich immer wieder dazwischen meine Tränen hinunter würgen muss.

„Jetzt weine doch endlich mal, Du darfst weinen."
„Nein, ich darf …nicht, dann …wird …alles nur noch …schlimmer. Judith …, ich habe das …Gefühl zu …ersticken. Könnt ihr …mich nicht …einfach endlich…erschießen?"
„Nein, das darfst Du nie sagen oder auch nur denken. Du schaffst das, Du hast schon ganz andere Dinge geschafft.

Wir fahren gemeinsam nach Hause. Ich fühle mich irgendwie entrückt, alles scheint in weiter Ferne zu sein, aber tief in mir drin nagt die Traurigkeit über die Erkenntnis, dass mir mal **wieder** nicht geglaubt wurde, ich **wieder einmal** nicht ernst genommen wurde.
Weil sie nicht sehen können, was **ich** sehe, weil sie nicht fühlen, was **ich** fühle. Weil sie nur auf die Fassade schauen, und die 'Anwältin' ist gut. Sie weint nicht, sie klagt nicht und jammert nicht. Das ist ja auch nicht erlaubt. Und die Anderen weinen leise, tief im Inneren, wo Niemand sie hört.
Das verstehen die Menschen draußen nicht. Und so hören wir immer wieder Sätze wie: „*… Sie wirken aber ziemlich klar …Sie scheinen mir aber eigentlich gut strukturiert …auf mich machen Sie einen sehr gefassten und geordneten Eindruck …ich habe nicht das Gefühl, dass es Ihnen so schlecht geht …*"

Doch! Es geht uns schlecht, es geht uns sogar sehr schlecht, und wir haben keine Ahnung wie es weiter gehen soll.
Aber wir werden uns nicht verbiegen, nur um Anderen zu beweisen, wie schlecht es uns wirklich geht.
Wir erwarten einfach, dass man es uns verdammt noch mal endlich einmal glaubt, wenn wir sagen, dass etwas nicht in Ordnung ist, auch wenn wir nicht in lautes Geschrei verfallen, und vielleicht gerade keine Beweise zur Hand haben.

Wir lügen nicht, und wir schauspielern auch nicht, das haben wir überhaupt nicht nötig.
Und schließlich gibt es einen Grund, warum die ‚Anwältin' vorne ist, nur durch ihre Stärke wirken wir weniger angreifbar und sind überhaupt dazu in der Lage, unser Leben wenigstens halbwegs zu managen.
Aber jetzt hat sie sich zurückgezogen. Sie schläft, ruht sich aus. Auch ihre Kraft ist begrenzt, und wir sind ja sicher zu Hause. Hier kann sie ruhen.
Doch wir sind völlig hilflos ohne sie. Laufen völlig ziel- und planlos durch die Gegend und finden uns gar nicht mehr zurecht.

Später am Abend schleiche ich noch immer benebelt von den Eindrücken durch das Haus. Im Flur bleibe ich vor dem Spiegel stehen.
Das Gesicht, das mir entgegen blickt, scheint so gar nichts mit dem Gesicht gleich zu haben, das ich sonst sehe.
Große traurige Augen starren mich an, die Wangenknochen eingefallen, die Mundwinkel nach unten gezogen. Der Kopf ist nach unten geneigt und die Schultern hängen herunter, als trügen sie die Last der ganzen Erde.
Ich versuche den Mund nach oben zu bewegen, ein Lächeln zustande zu bringen. Mit einem Mal ist es, als gehe ein Ruck durch meinen Körper.
Mein Gesicht verändert sich, die Augen werden kleiner, und blicken mich messerscharf an. Der Kopf geht hoch und die Schultern werden wieder gerade gerückt. Ich lächle mich an. – Ja, das bin ich.

„*Nein, das bin ich!*" Die ‚Anwältin' grinst mir zu. „*Lass mich das mal wieder machen, ich denke ich kann das besser.*"

Ich spüre wie neue Kraft in mir pulsiert und mir Mut schenkt.
Ja, ja, sie kann das besser. Sie ist wirklich unglaublich stark.

Ich bin unglaublich stark!

Judith hatte völlig Recht, wir haben schon ganz andere Dinge überstanden, als eine unfähige Therapeutin, und, wir haben sie überlebt! Wen interessiert es da schon, was sie denkt, sie hat keine Ahnung.
Und mit einemmal ist es gar nicht mehr so schlimm, ob uns nun geglaubt wird oder nicht. Wichtig ist nur, dass wir es selber jetzt glauben. Monatelang waren wir auf der Suche nach der Wahrheit, auf der Suche nach uns selbst. Dabei haben wir uns die ganze Zeit gegenseitig übersehen.
Auf der Suche nach dem ganz großen Wald, ist uns gar nicht aufgefallen, dass längst schon an jeder Seite Bäume standen.
Aber sie sind da, sie sind alle da, und das wissen wir jetzt, auch wenn wir noch nicht alle kennen, das kommt schon noch.
Vierundsechzig sind es bis jetzt geworden, aber noch immer gibt es Stimmen im Hintergrund. Sie machen uns keine Angst mehr. Mögen sie nur kommen, wir heißen sie herzlich willkommen im Team.
Es war ein weiter Weg zu meinen 'Sternschnuppen', und es war wirklich schwer ihn zu gehen, aber ich fühle mich endlich angekommen.
Gemeinsam werden wir uns nun an die nächste große Aufgabe wagen. Eine **geeignete** Therapeutin zu finden, um mit viel Mut und Kraft mit unseren Altlasten aufzuräumen, und unseren 'Teufel' und seine Gruppe zu besänftigen. 'Julia' wird sicher auch darüber noch berichten. Es macht ihr großen Spaß zu schreiben, und 'Helen' malt gerne. Wir werden uns auf diese **schönen** Fähigkeiten konzentrieren, sie nutzen, um uns nach Vorne zu bringen. Und wer weiß, vielleicht gelingt es uns ja eines Tages wieder zusammenzufügen, was niemals hätte getrennt werden dürfen.

Und dann sind wir alle wieder eins!

14 Tage später:
Wir hatten einen Termin bei einem anderen Therapeuten, einem Mann. Du lieber Himmel, das kann ja nur schief gehen, dachten die Meisten von uns. Die letzte Bastion sollte also nun gestürmt werden.
Mit vor Angst schlotternden Knien und kaum dazu in der Lage den Tagesgruß zu entbieten, sind wir förmlich in die Praxisräume gekrochen.
Die unleidige Angelegenheit mit der Therapeutin hatte uns dann doch mehr zugesetzt, als wir zunächst wahrhaben wollten. Der Stachel den sie auf uns abgeschossen hatte, saß tief, sehr tief. Das Bewusstsein, dass es eine ‚Traumatologin' war, die uns in den Dreck gestoßen hat, in dem sie unsere Erlebnisse zu einer Lappalie degradierte, gleichzeitig die Front, die wir noch immer mit unserem ‚Teufel' hatten, das alles war einfach zuviel. Und auch die ‚Anwältin' ging nun langsam in die Grätsche. Der Akku war einfach leer, nichts ging mehr.

Zitternd standen wir also in der Praxis, mit dem festen Vorsatz, wenn das jetzt wieder schief geht, hängen wir heute Abend an einem Baum.
In rasender Geschwindigkeit ließen wir unseren Blick durch die Räumlichkeiten schießen, loteten jede Ecke aus.
Ihn anzuschauen wagten wir zunächst nicht. Und dann hörten wir seine Stimme, sie klang sanft, ruhig und freundlich.

„Ja, erstmal in Ruhe umschauen ob alles Okay ist."

Er schien zu wissen, worauf es ankommt.

„Alles in Ordnung? Dann am besten einen Platz suchen, an dem alles **Sicher** *ist. Wo sollen wir uns denn hinsetzen? Hier hinten oder da vorne?"*

Endlich trauten wir uns zu ihm rüber zu schauen, er stand gute fünf Meter von uns entfernt und machte auch keine Anstalten zu nahe an uns heranzutreten.
Wir suchten uns einen Platz, und **er** schob **seinen Stuhl** noch etwas weiter zurück.
Dann sahen wir ihm direkt in die Augen – sie blickten sanft, offen und hielten unserem Blick stand – ein guter Mensch.

Er stellte keine überflüssigen Fragen, keine Anamnese, keine persönlichen Daten, oder ob wir ihn bezahlen können, eine Kostenzusage haben, nichts dergleichen. Es interessierte ihn scheinbar überhaupt nicht, er sah, dass es uns wirklich sehr schlecht ging.
Und er half uns, **sofort!**

Er fing gleich mit seiner Arbeit an, nahm sich Zeit, soviel wir brauchten und bewältigen konnten. Nicht ein einziger Zweifel an unserer Diagnose, im Gegenteil. Nicht ein einziges Mal ein Blick auf die Uhr. Er wusste genau, was zu machen war, und das gab uns zunehmend ein Gefühl von Sicherheit. Langsam, ganz langsam entspannten wir uns immer mehr.
Zwei Stunden später, gingen wir mit einem neu gebauten ‚Kindergarten', einem ‚Jugendzentrum', einem Deal, den er mit unserem ‚Teufel' für eine Woche geschlossen hatte, aber vor allen Dingen mit geradem Rücken und einem Lächeln im Gesicht nach Hause.
Es war unglaublich schwer, wir hatten rasende Kopfschmerzen und waren hundemüde, aber trotzdem glücklich. Das erste Mal seit vielen Monaten fühlten wir uns ein kleines bisschen aufgeräumter, klarer, strukturierter.

Ein Mann, tztztz, unglaublich – aber schön!

Schön, dass es auch Männer gibt, die ein Leben retten!

Nachwort

Vielleicht werden Sie jetzt denken, na schön, ein weiteres Buch zu diesem Thema, davon gibt es doch bereits genug.
Das dachte ich auch, aber es ist nur zum Teil richtig. Es ist sicher viel darüber geschrieben worden, doch ich habe nicht ein Buch gefunden, das sich speziell mit dem Prozess der Anerkennung befasst.
Aber genau dieser Weg ist einer der schwierigsten Wege, die ich in meinem Leben zurücklegen musste, und nicht nur ich. Alle Menschen die mit mir in Kontakt stehen, Familie Freunde, Nachbarn. Wie schwierig ist es auch für diese Menschen, damit umzugehen.
Wie oft stehen sie hilflos daneben, und verstehen nicht, was gerade geschieht.
Sie sind dazu verurteilt dabei zu sein und mit anzusehen, wie ein geliebter Mensch unmittelbar vor ihren Augen zerbricht, und es scheint nichts zu geben, was sie dagegen machen könnten.
Sie können nicht sehen, fühlen, was ihr/e FreundIn alles erleben, und fühlen sich oftmals einfach ausgeschlossen.
Ich hoffe, es ist mir gelungen, eben diesen Menschen ein kleines Stück zu vermitteln, wie es ist, mit dieser Störung leben zu müssen. Wie es sich für Betroffene von ‚Innen' anfühlt, während Angehörige und Freunde fassungslos daneben stehen, und nicht begreifen können, warum ihr/e Mann/Frau/FreundIn, sich mit einem Mal so ‚eigenartig' benimmt.

Sie tun es, weil sie einfach nicht anders können!

All denen, die tagtäglich, hoch dissoziativen Menschen begegnen, sich um sie sorgen, und kümmern, ihnen zur Seite stehen, ihre Launen ertragen, möchte ich darum bitten:
Halten Sie durch, auch wenn es schwer ist. Ihr/e Angehörige/r/ FreundIn, wird es Ihnen danken.
Sie sind eine wichtige Stütze für sie/ihn, und ich zolle Jedem von Ihnen dafür meinen allergrößten Respekt!
Achten Sie dabei aber auch gut auf sich selbst. Respektieren Sie unbedingt Ihre eigenen Grenzen und holen Sie sich Hilfe, Sie werden sie brauchen!

Schaffen Sie sich Freiräume, Zeiten in denen Sie sich erholen können, nur für Sie allein.
Es ist Niemandem geholfen, wenn Sie selber auch noch zerbrechen.
Ich wünsche Ihnen allen viel Glück und Kraft!

DANKE!

kräftiger Baum: gezeichnet von ‚Ira'

Susi auf der Blumenwiese: gemalt von ‚Laura'

Verletzte Blüte: gemalt von ‚Helen'

Das innere Kind: gemalt von ‚Helen'

Baum im Sturm: gemalt von ‚Helen'

Panik: gemalt von ‚Helen'

Ort der Entspannung: gemalt von ‚Helen'

Brennender Baum: gemalt von ‚Helen'

Was ist eine DIS?

Die dissoziative Identitätsstörung (DIS) ist eine schwere Traumafolgestörung, bei der die Identität betroffen ist.
Die dissoziierten Identitäten, im Folgenden auch Persönlichkeiten oder Anteile genannt, beinhalten sowohl traumatische Inhalte, sowie auch Eigenschaften oder Funktionen, die im Alltagsleben benötigt werden, von den Betroffenen aber nicht mehr ohne Hilfe dieser Anteile gelebt werden können.

Es bestehen mindestens zwei, häufig wesentlich mehr voneinander unterscheidbare Identitäten in einer Person, bzw. einem Körper, die abwechselnd die Kontrolle über den Körper übernehmen. Dadurch entstehen sowohl für die Lebensgeschichte, als auch für das Gedächtnis der Gegenwart der Betroffenen Amnesien, die nicht allein durch Vergesslichkeit erklärbar sind, und auch nicht durch den Konsum von Drogen oder Alkohol indiziert sind.

Voraussetzungen für die Entstehung einer DIS

Mindestens drei Kriterien müssen für die Entstehung einer DIS vorhanden sein:

I. Wiederholte schwere Traumata vor dem fünften Lebensjahr

In der Regel sind dies:
Schwerer sexueller Missbrauch, Folter und körperliche Misshandlung, psychische und emotionale Gewalt oder Manipulation; der perversen Phantasie sind da leider keine Grenzen gesetzt.
Einige sind auch Opfer von Kriegen oder Kriegsschauplätzen, Beobachter von Morden oder anderen Gräueltaten.

II. Die Fähigkeit zur Dissoziation

Jeder Mensch kann dissoziieren und macht dies auch.
Wenn Sie morgens auf dem Weg zur Arbeit, Ihren Gedanken nachhängen, und beim Erreichen des Arbeitsplatzes nicht mehr genau wissen,

ob die Ampel nun rot oder grün war, waren Sie in einem dissoziierten Zustand.
Allerdings, ist dieses Phänomen eher unter Bezeichnungen wie ‚Tagträumen, geistesabwesend sein, oder Löcher in die Luft starren' bekannt.

Es besteht jedoch ein Unterschied zwischen oben genannter Dissoziation und der Dissoziation, die beispielsweise ein Kind anwendet, wenn es in Gewaltsituationen gerät, die es nicht mehr erträgt.

Wird ein kleines Kind traumatisiert, und gerät dadurch in Todesnähe, ist gleichzeitig eine Flucht oder Kampf nicht möglich, und Niemand da, der helfend einschreitet, flieht es auf dem einzigen Weg, der ihm noch bleibt: nach Innen!
Doch während Sie noch zumindest eine Ahnung davon haben wie Sie zur Arbeit gekommen sind, dissoziiert sich das Kind so weit weg, dass es völlig den Bezug zur Realität verliert.
Es spaltet Teile von sich ab, denen dann das traumatische Geschehen zugeschrieben wird.
‚Das passiert ja gar nicht mir.' oder ‚Das ist nur ein Traum.' (Bsp. aus dem Buch Seite 75 – 77, der Feuerdrache, der scheinbar die Kohle aus dem Ofen holt). So ist es dem Kind möglich, auch schlimmste Qualen und Schmerzen zu ertragen. Könnte es sich nicht auf diese extreme Art wegdissoziieren, würde es von dem Erlebten entweder wahnsinnig werden oder sogar sterben.

III. Keine Rettung in Sicht

Ein kleines Kind, dem solche Gräueltaten widerfahren, kann sich nicht selber helfen. Es kann nicht gegen seine Peiniger ankämpfen, und eine Flucht ist meistens auch nicht möglich. Im Gegenteil, nicht selten finden die Taten im engsten Familien- oder Bekanntenkreis statt, und zwingen das Kind, auch nach der Tat noch weiterhin regelmäßig mit den Tätern in Kontakt zu stehen. Sollte es den Mut aufbringen, sich mitzuteilen, wird ihm oftmals nicht geglaubt, manchmal wird es sogar zusätzlich für seine vermeintlichen ‚Lügen' bestraft, oder belächelt. Möglicherweise versucht es noch ein zweites oder drittes Mal Hilfe zu bekommen. Stößt es jedoch immer wieder auf taube Ohren, wird es

irgendwann resignieren und den einzigen Überlebensmechanismus anwenden, den es kennt.
Dissoziieren und abspalten, dissoziieren und abspalten, immer und immer wieder!

Was versteht man unter switchen?

Als switchen bezeichnet man den Wechsel von einem zum anderen Persönlichkeitsanteil.
Dies geschieht meist innerhalb weniger Sekunden, kann aber auch über einen längeren Zeitraum stattfinden und von tranceähnlichen Zuständen begleitet sein.

Was sind Trigger?
Ein Trigger ist ein Reiz, der an ein traumatisches Erlebnis erinnert, oder damit zum Teil unbewusst in Verbindung gebracht wird.
Trigger können optisch, akustisch, olfaktorisch, gustatorisch, sensorischer oder auch emotionaler Herkunft sein. Sie befinden sich also auf allen Sinnesebenen und sind Betroffenen oftmals nicht als solche bekannt.

Was versteht man unter einem Flashback?
Ein Flashback ist eine plötzlich einschießende Erinnerung, oder auch nur ein Teil einer Erinnerung. So ist es beispielsweise möglich, dass Betroffene nur Gefühle oder Schmerzen übermittelt bekommen, da diese unter Umständen in anderen Fragmenten gespeichert sind als die dazu gehörigen Bilder. Da ihnen die entsprechenden Bilder fehlen, können sie keinen Kontext zu dem längst vergangenen Geschehen herstellen. Ein Flashback wird als so intensiv erlebt, als würde das traumatische Geschehen im Hier und Jetzt geschehen, und kann dabei so traumatisierend sein, dass die Erinnerung oder Teile davon erneut wegdissoziiert werden.

Was sind Introjekte?

Ein Introjekt ist eine Innenperson, die in der Regel als genaues Spiegelbild einer real existierenden Außenperson entsteht und die Verhaltensweisen und Meinungen, der Außenperson für sich übernimmt.

Als Beispiel: Wird ein Kind ständig von seinem Peiniger mit den Worten ‚du taugst ja gar nichts, du bist nichts wert' beschimpft, entsteht irgendwann ein Introjekt, welches die Meinung des Täters als seine eigene übernimmt. Dies geschieht ebenfalls bei körperlichen Übergriffen. Dieser neu entstandene Anteil glaubt, wenn er genauso denkt, handelt und fühlt wie sein Peiniger, dann wird dieser seine Übergriffe einstellen. Der Grund, aus dem ein Introjekt entsteht, ist also ganz einfach: Rettung!